文学教育の転回

丹藤 博文　著

教育出版

序説 ――言語ゲーム・他者・語り――

世界は言語的に構成されており、私たちは言語によってのみ世界に近づくことができる。一日たりとも言語と無縁でいられることはなく、さまざまな言語活動を果てしなく行っている。ここで、言語活動は、ウィトゲンシュタインに倣って「言語ゲーム」とする。理由として、第一に、ウィトゲンシュタインの言語観も、言語から指示性を払拭できないものの、指示対象とは一対一の対応関係にないと考えるからである。これは文学の読みを考えるうえで必須の要件である。第二に、ウィトゲンシュタインが「言語ゲーム」というのは、そこに「家族的類似性」を認めるからであり、その見方は言語生活レベルでの把握に有効だと考えるからである。例えば、キリスト教圏とイスラム教圏では、異なる天を戴《いただ》き、「言語ゲーム」を異にする。同じ日本においても、学校には学校の「言語ゲーム」があり、社会全般とは異なる部分がある。学校と一口に言っても、職員室での「言語ゲーム」と教室でのそれとは違うだろう。私たちは、この「言語ゲーム」に支配されたり、共有したり、はたまた排除されたりしており、それは具体的な生活を左右したりもする。『故郷』の「私」と「閏土《ルントー》」が「隔絶」したのも、「旦那さま！」という「閏土」の発話が、共有していたと「私」が思い込んでいた二人の「言語ゲーム」に亀裂を入れてしまったからである。

言語論的転回以降、あるいは構造主義の教えるところによれば、世界は言語化されている以上、私たちはあらかじめ構造化された言語によって主体的に見ているというより、むしろ、言語によって見させられているのである。それに加えて、私たちの言葉の理解というのは、意識するしないにかかわらず、自己化を免れない。自分の既有の経験なり知識なりを動員して、既存の認識の枠組み（フレーム）にもとづいて受容し理解しようとする。理解にあたっては、既有の知識が有効だとする説は、この自己化を証《あかし》だててもいる。自分の既有の知識や認識の範疇《はんちゅう》のことなら理解は容易かもしれないが、そうでない異質なものを取り込むのはそううまくはいかない。『注文の多い料理店』に登場する「紳士たち」のように、自分の都合のいいように解釈しようとする。「紳士」たちのコミュニケーションや解釈は、読者からすれば過度の欲望にもとづいた歪《ゆが》んだものであるにちがいないが、「紳士」たちはそうは思っていない。「紳士たち」は、それが妥当な解釈だと信じて疑うことはない。彼らは、自分たちの見たいものを見たいように見ている。しかし、そうだとすれば、「紳士」たちを俗物として特別視することはできない。また、言語ゲームは、いつのまにかある文脈を形成してしまう。これは、「空気」とも呼ばれるものである。職員室にある「空気」が形成されると、それに逆らうことは難しい。『二十四の瞳』の大石先生は、戦前の学校に支配的な「忠君愛国」といった教育方針に疑問を抱き国家主義的教育に違和感を持つが、それに反対することはできなかった。私自身の経験で言えば、問題行動を起こした生徒の指導内容を決定する会議で、たとえ違和感を抱いても、ある「空気」が支配的になるとそれに抗《あらが》うことはかなり困難である。これは、あらゆる言語ゲームにつきまとうことなのではないか。つまり、個人の理解・解釈にしても言語ゲームの形成にしても、〈他者＝他なるもの〉は排除される傾向にある。他者は自己化し、私は〈私たち化〉されるのである。いじめによる中学生・高校生の自殺が後を絶たないが、言語のレベルで言えば、言語ゲーム内における支配（私たち化）とそれに伴う〈他者＝他なるもの〉の抑圧と排除の力学が働いているのではないか。しかし、あくまで言語ゲームは相対的なものでしかない。時間的にも空間的にも、他の言語ゲームを想定することは可能であり、実際そうだろう。他の言語ゲームからすればまったく無効なこともある。戦前の日本に支配的な国家主義的言語ゲームは、戦後「民主主義」にあっさり変わったように、世界が変われば言語ゲームも変わる。ということは、理論的には言語ゲームが変われば世界も変えられる。それでは、ある言語ゲームのただ中におり、「空気」が支配的となるとそこから抜け出すにはどうしたらいいのか、言語ゲームにより言語ゲームを変えられるのか、このことが問われなくてはならない。別の言い方をすれば、理解・解釈の自己化といった言語ゲームの〈外部〉を洞察するにはどうしたらいいのか。支配的な言語ゲームの〈外部〉に立つことは可能なのかという問いでもある。

〈他者＝他なるもの〉が要請されねばならない。それでは、〈他者〉はどこにいるのか。他人だからといって〈他者〉と言えるのか。文学テクストの登場人物は〈他者〉なのか。蘆田恵之助が言うように「読み方は自己を読むものである[1]」としたら、登場人物も自己化された〈他者〉でしかない。文学教材の読みも、他者は読む対象としてのテクストにあるのではない。言語論的転回以後の言語観からすれば、言葉は実体ではなく、作品も分析できるような客観的な存在物などではない。読みは、〈私〉のうちにあり自己化されたものである。この認識あるいは難問が読みの教育を考えるうえで第一歩となろう。他者を理解したつもりになっても、それが果てない自己化でしかなかったとしたら、〈他者〉など存在しようもない。理解したと思った瞬間、〈他者〉は〈他者〉でなくなる。つまるところ、〈他者〉はどこにもいないことになる。すると、超越的な〈他者〉なら想定できるだろうか。例えば「神」とか……。しかし、日本のように「八百万《やおよろず》」もいたら、超越的な存在と言えるのだろうか？

芥川龍之介による『神々の微笑[2]』という小説がある。ローマから来た宣教師「オルガンテイノ」が、南蛮寺の庭を歩いていると、「この国の霊の一人」であるという「老人」が出現する。「老人」は、この国へのキリスト教の布教は無理だと言うのである。なぜかというと、「我我の力と云ふのは、破壊する力ではありません。造り変へる力なのです。」と言う。この国は生まれたころより、「支那」からは文字や思想を、「印度」からは宗教を受け容《い》れたが、それらはいずれも「造り変へ」られたものだからである。日本の文化は、異質なものを「破壊」するのでなく「造り変へ」てしまう。よって、布教の見込みはない。そう「老人」は断言するのである。〈他者〉を異質なままに受容したりはしない。そうかといって、異質なものとして排除するのでもない。「造り変へる」ことで受け容れる。この指摘は今なお説得力を持つと言えるだろう。個人の理解から異文化の受容にいたるまで、〈他者〉は自己化というかたちで「造り変へ」られる。その自己化の際の根拠といえば、誤解を怖れずに言うなら、個人ではナルシシズム、国家・文化レベルではナショナリズムということになろう。つまり、〈自己〉を免れることはできない。そのナルシシズムは他者や社会との関係を悪化させることを経験的に知っているし、過剰なナショナリズムが破滅を招来することは歴史の教えるところである。もちろん、無私、無我たるべきだというのでなく、異質な〈他者＝他なるもの〉を異質なものとして受容することが必要なのではないかと言いたいのである。自己発見とは他者の発見にほかならず、自己認識とは他者を経由する以外にないことは自明であろう。にもかかわらず、文字を獲得するはるか昔から、私たちにとって、他者を他者として受け容れることは容易なことではない。先に述べたように世界も他者も言語化を免れるものではないことから、言語ゲームが問題となる。その言語ゲームが「造り変へ」られ、自動的に自己化されるものでしかないとしたら、いったいどうやって〈他者＝他なるもの〉をあらしめることができるのか。

「〈語ること〉は〈他人〉に接近する」[3]とエマニュエル・レヴィナスが示唆するように、〈語り〉なのだと思う。〈語り〉はテクスト分析の方略にとどまるものでなく、〈他者＝他なるもの〉に「接近する」ためにある。坂部恵の言葉を借りるなら「〈かたり〉のほうは、より（二重化的）統合、反省、屈折の度合いが高く、また、日常生活の行為の場面からの隔絶、遮断の度合いが高い」のである。[4]つまり、〈語り〉は、日常的な私たちのコミュニケーションから「隔絶、遮断」し、それ自体「（二重化的）統合、反省、屈折」して、他者に「接近する」のである。「モノガタリ」とは、ごく単純に言ってしまえば、登場人物Aが異世界へ参入し、そこである出来事に遭遇し、AからA'に変容して帰還するという構造になっている。『古事記』のイザナギ・イザナミの昔から『千と千尋の神隠し』に至るまで、連綿として変わることはない。桃太郎は鬼ヶ島から裕福になって帰還する。浦島太郎は竜宮城という異界から帰還したものの変容していなかったので箱を開けなければならなかった。〈語り〉によって「日常生活の行為の場面からの隔絶、遮断」するのである。日常世界と異界との二重化は〈他者＝他なるもの〉へ接近するための入口となる。『ごんぎつね』であれば、読書行為において、子どもたちは語りにうながされて主人公「ごん」に感情移入する。「ごん」になろうとするのである。しかし、一方で自分は「ごん」でないことも知っている。「ごん」であって「ごん」ではない。そのような中間的な位相をとることは、日常の因果律からは解放された虚構テクストの読みに顕著な特徴であろう。この自己と他者の二重化はいにしえより物語の受容に求められてきたものであり、子どもの成長にとっても必要な体験であるにちがいない。この二重化は、かつて文学教育の理論では「虚構体験」と言われた。文学世界は虚構で、虚構世界への参入により日常（現実）世界を相対化するというものである。また、最近では、読むことの教育の目的はメタ認知能力の形成にあるとされる。これも文脈化と脱文脈化の両方を必要とする見方であり、自己の外から自己を見る能力と言ってよく、二重化・相対化という点で「虚構体験」と構造上同じである。しかし、「虚構体験」や「メタ認知」なら今日アニメなど他のメディアにも当てはまるものであり、文学独自の意味を説明できない。「モノガタリ」は古来より一度たりとも途絶えたことはなく、現代ではナラティヴ・セラピーが注目されているように、その意義はいくら強調してもしすぎることはない。しかし、物語的構造は、ハリウッド映画からテレビドラマまで巷《ちまた》にあふれている。ヒーローたちは、幾多の困難を経るもののほぼ例外なくハッピーエンドを迎える。ヒーローやヒロインに感情移入し、同化して物語世界を生きるのであって、途中で死んだり悲惨な結末を迎えたりするなどということはあってはならない。勧善懲悪といった内容は今も昔も変わることがない。要するに、映画やドラマの制作者は、大衆の見たいであろう物語を作っているのであり、私たちもまた物語を見たいように見ているのである。いや、アニメや映画といった商業主義の産物ならまだしも、私たちは文学をも読みたいように読んでいるとしたら……。そこには、他者との出会いはないだろう。思うに、小説というテクストにもっと目を向ける必要がある。

なぜ小説なのか。小説においては、〈語り〉の自意識が強く、〈語り〉それ自体が前景化され問題化されうるからである。さらに言えば、小説における〈語り〉は、〈語り—語られる〉という二重化の外部に位置する第三の存在を想定しなければならないからである。この点が「虚構体験」や「メタ認知」には決定的に欠けており、物語と小説を区別できない所以《ゆえん》である。この〈語り—語られる〉の外部の力が、物語的力を相対化し攪乱《かくらん》して反省的思考を私たちに迫り、私たちを突き動かすのである。語り手という仮の主体は、対象である語られるもの・ことを語る。登場人物の中から語ることもあれば、外から語ることもある。外から語っているのに、登場人物の内面を語ることもある。一貫性のある物語を形成するために、あるいは読者にある効果を生じさせるために機能するのである。超越的に時空を超えて語るにせよ、登場人物の内部から語るにせよ、何かを語ることは、何かを語らないことでもある。あるいは、何かを語ることによって別の何かをも語ることになってしまうこともある。つまり語ることとは、「語り得ぬもの」を想起させずにおかない。『少年の日の思い出』の「ぼく」は、「エーミール」を「非のうちどころがないという悪徳をもっていた」、「とにかく、あらゆる点で、模範少年だった。そのため、ぼくは妬み、嘆賞しながら彼を憎んでいた」と、非難すればするほど、「エーミール」に対するコンプレックスを表出してしまう。『走れメロス』の語り手は、「メロス」を「真の勇者」「正義の士」などと美化して語れば語るほど、「メロス」の走ることの意味が変化し「友情」や「信実」からは遠ざかるという結果を招いている。「友情」「信実」を語りながら、語り自体がそれを無化しているのである。〈語り―語られる〉関係それ自体を読むことはむちろん不可欠だが、本書「I」章の「3『注文の多い料理店』(宮沢賢治)――第三の視線――」で論じるように、小説というテクストは、その〈外部〉、語ること自体に必然的につきまとうもう一つの力がうごめいている。テクストの〈語り〉は実体として取り出すことなどできない。〈語り手〉もどこかに存在するわけではない。読者が読む＝あらしめるほかないものである。しかし、読者は読むことによってこの〈語る―語られる〉関係の〈外部〉に現象する第三の力に突き動かされるのである。そして、第三の力によって、読者は〈他者＝他なるもの〉へと接近するのであり、それはとりもなおさず、言葉の意味の深みへと降りていくことである。

注

(1)『蘆田恵之助国語教育全集　7』明治図書、一九八八年、一四二頁。
(2)『芥川龍之介全集　第八巻』岩波書店、一九九六年。

（3）エマニュエル・レヴィナス『存在の彼方へ』合田正人訳、講談社学術文庫、一九九九年、一二六頁。
（4）坂部恵『かたり　物語の文法』ちくま学芸文庫、二〇〇八年、三八頁。

目次

Ⅱ 読みの再転回

III 言語論的転回以後の読みの教育

I

読みの転回

1　『おてがみ』（アーノルド・ローベル）

――方法としてのユーモア――

1　「手紙」と「友達」

アーノルド・ローベル作（三木卓訳）『おてがみ』は、文化出版局より一九七二年に刊行された『ふたりはともだち』所収の一編である。一九八〇（昭和五五）年には光村図書『こくご　二下　赤とんぼ』に採用され、現在（二〇一三年）では、光村図書『こくご　二下　赤とんぼ』（『お手紙』）・教育出版『ひろがることば　しょうがくこくご1下』（『お手がみ』）・学校図書『みんなと学ぶ　小学校こくご　二年下』（『お手紙』）・東京書籍『新しい国語　二上』（『お手紙』）・三省堂『小学生のこくご　二年』（『お手紙』）の五社に採用されている。以下、原典通り『おてがみ』と表記する。

「かえる」と「がまがえる」という日本の児童文学としてはあまり馴染《なじ》みのない登場人物だが、手紙を「ともだち」に書き「かたつむり」に託す、内容を知りつつも二人で待つ、といったストーリーは、よく言われるように「ユーモア」があり、子どもにとって親しみの持てる内容となっていて、低学年の教材としてふさわしいと言えよう。

では、教室では実際に、どのように読まれているのかを見ることにしたい。

したがって、この作品の主題は、「普段は何気なく、ごく普通な友達であった、かえるくんとがまくんであったが、手紙を通して、更に深くわかり合えた二人の友情。」とおさえたい(1)。

一通の手紙を通して、かえるくんとがまくんの心が触れ合い、友情の絆が更に深まっていく様子を描いた作品である(2)。

本単元は、かえるくんとがまくんの心の触れ合いをほのぼのとユーモラスに描いている。友達と仲良くしたいという願いを本学級の子ども達も持っている。かえるくんが《ママ》まくんに宛てた手紙の末尾には、「きみの親友《ママ》 かえる」と書かれている。この気持ちを伝えたくてかえるくんはがまくんへお手紙を書く。お手紙が来ないとすねるがまくんは、かえるくんの行動によって身近な友達の存在を見つける。ふたりに同化して読むことにより、友達とよりよくかかわることの大切さを感じ取らせたいと考えた(3)。

子どもが、本物のカエルを見てすぐに「がまくん、かえるくん」と並列して声に出したように、この二匹はいつも一緒。まさに、二人は友だちなのである。そして、この二人の友情を子どもたちは読み取り、子どもたちの心の中でも二人は一緒なのである(4)。

何気ない日常生活の中でのがまくんとかえるくんのほのぼのとした友情をテーマにしたこの作品は、子どもた

ちにとって共感しやすく、想像を広げて読むことにふさわしい作品である。(5)

これ以上の例を挙げることはしないが、「おてがみ」の授業者の多くは、「かえるくん」と「がまくん」の「友情」物語あるいは「友情」の深まりとしてこの教材を読んでいると言って差し支えない。

教師が「友情」のお話だととらえている以上、子どもの反応も「ともだち」「しんゆう」を意識したものになる。一年生の「かえるくんへ」と題された手紙を引用する。

ぼくは、かえるくんは、がまくんの、かなしい気ぶんをなぐさめてくれるからがまくんは、いいともだちをもっていいなとおもいました。ぼくもがまくんみたいにとてもいいともだちをもちたいなとおもいました。

かえるくん、がまくんが、

「一どもおてがみをもらったことがないから」

といってかなしそうにしていたのでかえるくんは、がまくんへ手がみをかいたとおもいます。だからともだちおもいだとおもいます。

これからもがんばってね。　さようなら。(6)

教師にとっても子どもにとっても異口同音に、『おてがみ』はかえるくんとがまくんの「友情」を描いたものとなっている。また、訳者である三木卓も、「こどもの友情の世界」として解説している。

大人からみればいつも鼻をつきあわせて付き合っている相手から手紙をもらったところでしかたがないような

ところもあるのだけれど、手紙がもらえるということそれ自体でもうがまくんは感動してしまうし、手紙を出すという行為と相手をそれによって慰めるという行為それ自体でかえるくんも夢中になってしまう。しかも、手紙を出したことをだまっていられなくて相手にしゃべってしまい、二人いっしょにあっけらかんと到達を待つ、というところがなんともうれしい。これがこどもの友情の世界なのである。(7)

さらに、教師用指導書にも、「主題について」として次のように記述されている。

この作品の主題は、「友達と心をつながりあえるすばらしさ」である。(8)

『おてがみ』を所収する本のタイトルが『ふたりはともだち』であり、訳者から指導書まで、すべからく「友達」を主題として措定している以上、国語教育における『おてがみ』の受容は、教材研究から授業まで、「友達」「友情」以外にないと言って過言ではない。子どもらが指摘するように、がまくんとかえるくんの「ふたりはともだち」であり、手紙をもらったことがないがまくんを哀れに思い手紙を書いて出すということ自体は「友情」の名に値すると言えるだろう。『おてがみ』を「友情」の話とするうえで最大の根拠となるのが、かえるくんからがまくんへの手紙の内容である。

『しんあいなる　がまがえるくん。
ぼくは　きみが　ぼくの　しんゆうで　ある　ことを　うれしく　おもって　います。
きみの　しんゆう、かえる』

手紙が届くことをすっかり諦めているがまくんを再び待つよう説得するために、かえるくんは手紙を書くばかりでなく、その内容まで明かしてしまう。がまくんは、それを聞いて「とても　いい　てがみだ。」と感嘆する。したがって、かえるくんからの手紙に価値を見出すことで友情の深まりを読むことができる。そのように読まれている。

しかし、果たして読みは「友情」にのみ限定されるものなのだろうか。これは、入学したての児童に「友情」や「親友」といった概念を認識させ、学校生活なりクラスメイトとの関係性なりを円滑な方向に導きたいとする教師側の思惑と別のことではないと推測される。そのことに特段反対するつもりはない。しかし、だからといって、『おてがみ』の読みは「友情」でよいということにはならないと私は考える。学校文脈を離れて、『おてがみ』自体の読みを検討する必要がある。

2　二つの疑問

『おてがみ』の読みは、必ずしも「友達」にのみ関わるものでないと述べた。次に、「友達」以外の読みについて見ることにしたい。

もし、『おてがみ』の主題が「友達」なら、次のような子どもの疑問にどう答えることができるであろうか。前記木下ひさしは、初発の感想から出された疑問として次の二つをあげている。

・かたつむりになぜ頼んだのか（これを①とする――丹藤）

・なぜ手紙を書いたことを告白してしまったのか[9]（これを②とする――右に同じ）

この疑問は他の実践報告にも見られるものである[10]。がまくんに手紙を書いたことを手紙の届く前にかえるくんが明かしてしまうこと、また、歩みののろいかたつむりくんに頼んでしまうことは、子どもたちならずとも、このテクストへの素朴な疑問として当然のものである。黙っていた方が手紙が届いた時の感激はいっそう高まるかもしれない。かたつむりよりは、足の速いうさぎやいっそのこと空飛ぶ鳩にでも頼んだ方が速く届けられるではないか。誰しもそのように考えてしまう。しかし、そのような疑問は「友情」とは関わってこないことは強調されてよい。つまり、「友情」という主題のみでは、①・②の疑問を解決することはできないのである。このことは、「友達」という読みが必ずしもこのテクストのプロットに応じたものではないことを端的に示していよう。

この「友情」の根拠たる「手紙」の価値に異論を出したのが宮川健郎である。宮川は、価値があるから交換されるのではなく、交換されるから価値があるといった文化人類学の知見を援用して、「手紙」の内容それ自体ではなく、手紙は「交換」されることによって意味を持つとした。「そして、がまくんが〈いいお手紙だ。〉というのは、手紙の文面に感心したというよりは、かえるくんが手紙をくれたという、そのことに感動したと考えるべきだろう」とし、「『お手紙』を手紙のやりとりという交換、コミュニケーションの物語として読むべきだと考える[11]」とする。「手紙」の内容重視の授業に異を唱えることは、「友情」一辺倒の読みに一石を投ずることでもある。

宮川の、交換による「コミュニケーションの物語」に対して、跡上史郎は、「お手がみは、がまくんの手もとには『ない』。宝物をやりとりすることによる儀礼的交換は成立していないのである[12]」と指摘し、宮川論の根拠を鋭く突いている。そのうえで、跡上は、「『お手がみ』は、『ない』ということをめぐる物語である[13]」とし、「このおはなしの本当のテーマは『ない』ことをめぐる『想像力』なのだ[14]」と言い、かえるくんからの「手紙」もテクスト内には「ない」にもかかわらず、いや「ない」がゆえに読者の想像力を喚起し、二匹の「しあわせ」を感受することができると述べる。跡上も宮川同様、「手紙」自体の内容的価値という「友達」論からの脱却を志向する結果となっていると言ってよいだろう。そして、跡上が述べるのは、「お手がみのやりとりをするという」社会的制度への「参画」の「希望」である。

さらに、お手がみはその内容もさることながら、それをやりとりすること自体に意味があるのだという発想を加味して考えてみよう。まず、がまくんが抱えているのは、お手がみのやりとりをするという、社会的に他の人びとが共有している制度に参画したいという希望ではないだろうか。そして、がまくんのかなしみは、そのような制度から自分が除外されているというところに起因しているということになるのではないだろうか[15]。

藤原和好もまた、「がまくんとかえるくんが親友どうしであるということははっきりしています[16]」と述べるように、「友達」という主題を自明なものとはしていない。藤原は跡上の「社会的制度」といった読みを受け入れたうえで、次のように述べている。

〔前略〕さらに、跡上氏が言うように、手紙という社会的制度を通して、社会的に位置づけられた人間関係の中に組み入れられる、すなわち、関係が社会的に公認されるということ、そして最後に、ことばが本来持っている力（名づけの効果）が機能するということです[17]。

藤原は、宮川とは異なり、がまくんからの「手紙」には価値があると断じている。「どうしてどうして、価値がないどころか、子どもにとってはたいへんな価値のある手紙なのです[18]」とする。かえるくんからの「手紙」は、読者たる子どもにとって価値があるとし、「『しんあいなる　がまくんへ。』っていいわなあ」といった子どもの読みを出して、その根拠を子どもらが「しんゆう」という言葉に感動していることに求めている。そして「名づける」という点に着目している。

なぜこのことばに感激するのでしょうか。そこに、書きことばの持つ力（あるいは名づけの効果）があります。「きみが　ぼくの　しんゆうで　ある　ことを　うれしく　おもって　います。」などというもったいぶった言い方は、口頭ではしません。メールでもやらないでしょう。〔中略〕そこに、「親友」ということばによって実体化されるという名づけの効果、ことばの力というものがあるのです[19]。

社会全体として人間関係の希薄さが言われ、関係を作っていくことに臆病になっている現代においては、「親友」という書き言葉によって関係性を実体化し、「手紙」という形で親友であることを確認していくことが「ことばの力」であり、『おてがみ』の教材価値であると藤原は言う。

「コミュニケーションの物語」、「社会制度への参画」、「名付け行為による関係性の構築」といったように、『おてがみ』の読みおよび教材価値論について見てきた。しかし、「友情論」同様、これでは先に挙げた子どもの疑問①・②に答えることはできない。次に、①・②を意識化しつつ、『おてがみ』の読みを考えてみたい。

3　反時代的世界観

『おてがみ』を論じる際に、よく言及されるのが「ユーモア」である。例えば、西郷竹彦は「友情がユーモラスに」描かれているという読みの大枠を示したうえで次のように述べている。

この作品のおもしろさというのは、ユーモアのおもしろさです。ユーモアは、人物と読者のくい違い、ずれから生まれます。[20]

「ユーモア」はテクストのプロット上展開される出来事の意味的「ずれ」に起因する。木下ひさしも「作品構造」としての「ずれ」に着目して次のように言う。

〔前略〕作品構造の上でのポイントは、かえるくんが家に戻り手紙を書き、その手紙が届く前にまたがまくんの家に来てしまうというところにあるだろう。手紙そのものは確実に運ばれているのだが、書いた本人が先についてしまうという「ずれ」が、話をおもしろくするとともに、友情をさらに深めるという結果を導くことになる。[21]

『おてがみ』というテクストに「ユーモア」があり、その根拠を一般常識との意味的「ずれ」に求めていること、それ自体に異論があるわけではない。しかし、「ユーモア」は「友情」というテーマにのみかかわるものではない。以下そのことについて述べる。

「ユーモア」や「笑い」の原因の一つとして、意味的な〈ギャップ（「ずれ」）〉があることは改めて指摘するまでもないだろう。子どもが大人の帽子を被《かぶ》ったりしたら、それだけでおかしい、ユーモラスである。それは、常識との〈ギャップ〉が笑いを誘うからである。『おてがみ』にしても、ユーモラスなのは一般常識とはギャップがあるからである。しかし、西郷が言うように、「ユーモア」があるからといって、それが「どう考えてもおかしな話[22]」だとは私はまったく思わない。そうではなくて、そのギャップにこのテクストの意味があるのであって、ギャップが何を意味するのか、そのことこそが読まれなければならない。

一般に「手紙」は気持ちなり考えなり用事なりを伝えるものだと言ってよいだろう。つまり、「手紙」とはそもそも〈手段〉である。しかし、このテクストでは、がまくんが手紙をもらうことそれ自体が〈目的〉となっている。つまり、〈手段〉と〈目的〉とが逆になっている。このテクストで起こっている出来事とは、このような〈逆転〉にほかならない。また、「手紙」とは受け取ってはじめて、その意味内容を知ることができる。事前に内容を知っている手紙を受け取ることは、常識的には意味はない。しかし、ここでは、事前に内容を知っているがゆえに「待つ」意味が生じている。〈未知〉と〈既知〉が〈逆転〉していると言っていいだろう。このテクストにおける「ユーモア」は、このような〈逆転〉を自然に了解させるための有力な方法なのである。

「手紙」を〈情報〉と言い換えて考えてみよう。現代においては〈情報〉は速さが求められる。速い方がいいなどということでなく、速くなければ〈情報〉ではないと言っていいかもしれない。インターネットはすでに、家のパソコンから飛び出て、端末を通して携帯される。ほとんどタイムラグなしに〈情報〉は入手可能だ。速さという点で言えば、世の中こぞって速さを追求している。新幹線より速いリニアモーターカーの建設が着手されようとし、高速道路は国土を縦断しつつある。ところが、この『おてがみ』の世界では、「手紙」は遅いほどいい。

ふたりとも　とても　しあわせな　きもちで　そこに　すわっていました。

「待つ」こと自体が、二人にとって「しあわせ」なのである。「手紙」は届くことによってはじめて意味を持つが、二人にとっては「届かない」ことに十分意味があるのであって、むしろ届かない四日間は「しあわせな　きもち」なのである。

もちろん、かえるくんは、遅らせようとして意図的にかたつむりくんに頼んだのではない。かえるくんは、何度も「まどから　ゆうびんうけを　見ました。」とあるように、かたつむりくんの「すぐ　やるぜ。」の言葉の意味通りになるものと思っている。それに、かえるくんの予期したようにはかたつむりくんが来なかったために、がまくんの疑問に答えなければならなくなり、手紙が届けられることもその内容も告白してしまうのだ。先にも触れたように、うさぎにでもあるいは鳩にでも頼んでいれば、かえるくんの計画は遂行されたはずである。しかし、この手紙が届かないという予想外の事態が、二人を「待つ」ことのありようそのものに立ち会わせることになる。「待つ」ことは、このテクストではむしろ積極的な意味を持つのである。鷲田清一は、現代社会が「待たなくてよい社会になった」ことは、同時に「待つことができない社会になった」として次のように述べている。

　意のままにならないもの、偶然に翻弄されるもの、じぶんを超えたもの、じぶんの力ではどうにもならないもの、それに対してはただ受け身でいるしかないもの、いたずらに動くことなくただそこにじっとしているしかないもの。そういうものにふれてしまい、それでも「期待」や「希い」や「祈り」を込めなおし、幾度となくくりかえされるそれへの断念のなかでもそれを手放すことなくいること、おそらくはそこに、〈待つ〉ということがなりたつ[23]。

がまくんは「じぶんの力ではどうにもならないもの」である手紙が届けられることを「断念」していた。しかし、「断念」しては〈待つ〉ことにならない。「期待」や「希《ねが》い」を「手放」さないことが〈待つ〉ことである。がまくんは、かえるくんによって、あるいはすぐには届かないことで、はじめて〈待つ〉ことができたのである。

また、藤原が示唆するように「実体」（としての手紙）にも価値が見出される。パソコンやスマートフォンのディスプレイ上に浮かぶ言葉や記号は、たいての場合意味が理解された後、消去される。実体としては残らない場合がほとんどである。子どもらもゲームなどバーチャルな世界に生きている。スマートフォン上では小説や物語まで読むことができ、実体としての書物に触れることなく、文学を享受することもできる。学校には電子黒板を、子どもらの教科書は電子媒体にといったように、学校教育においても、非実体化・電子化は迫り来ている。本の感触や匂い、あるいは装幀《そうてい》の美しさといったことには何の関心もはらわれない時代になりつつある。しかしそうではないと、この物語はゆるぎなく主張しているように私には思われる。ここでは、意味ならもうわかっている。「しんゆう」であることを伝える手紙であることは了解済みである。しかし、実体としての手紙自体を二人は待っているのである。意味は伝わればよいというものではなく、その伝わり方もまた大事なものだと示唆している。先に触れた跡上の社会制度への参加という読みに違和感を持たざるを得ないのは、それならかたつむりくんはがまくんのポストに手紙を入れなければならないからである。しかし、教科書の挿絵にもあるように、二人はかたつむりくんから直接受け取っている。また、二人でいっしょに待つ理由もなくなってしまう。

〈速さ〉ではなく〈遅さ〉、〈目的〉ではなく〈手段〉、〈結果〉や〈効率〉ではなく〈過程〉、〈仮想世界〉ではなく〈実体〉、〈意味〉ではなく〈意味の伝わり方〉、意味や価値観の〈逆転〉という出来事がこの作品世界で起こっているのである。そして、それぞれにおいて時代の価値観は前者にあるが、このお話では後者の価値観が尊ばれていることは強調されてよい。『おてがみ』の行為性は、そのような反時代的な見方なり価値観なりに読者を誘うことにある。

以上の読みからすれば、子どもらの疑問①・②も容易に解決される。すなわち、「①かたつむりになぜ頼んだのか」と言えば、手紙の到着は遅いほどいいからであり、ここでは〈待つ〉こと自体が大事なのである。〈遅い〉方がいいという価値観のもとでは、かたつむりくんに頼むことは、むしろこのテクストのプロットにとって自然であり必然であろう。「②なぜ手紙を書いたことを告白してしまったのか」については、表面上はかえるくんの言動に不審を抱いたがまくんに答える必要が生じたからであるが、手紙一般のように未知が既知になること自体に意味があるのではなく、既知な内容を〈待つ〉という〈逆転〉にこのテクストの独自の世界観があるからである。その意味で、①・②の疑問を発した子どもらは作品世界への入り口に立っており、このテクストの行為性に応じていると言ってよいだろう。高度情報化社会・グローバルスタンダード（世界標準）・イノベーション（技術革新）といった時代のメルクマールからは埒外《らちがい》なところで生きていても、十分「しあわせ」な時間を過ごすことができる。いや、反時代的な価値観にも「しあわせ」がある。これが、このテクストにおいて固持されるゆるぎない世界観なのである。小学校一・二年生が、がまくんやかえるくんといっしょに手紙を待つこと、あるいは待つ時間と「しあわせ」を共有すること。『おてがみ』の読みで大事なのはそのことではないか。

「手紙」は届くことによって用を足すということでなく、届かないことによっても意味を持つ。お話の冒頭、ひとりで「ゆうびんうけ」のそばにいる時、世界に手紙はあってもがまくんにはなかった。しかし、かえるくんからの手紙を待つあいだ、手紙はがまくんの手元にはないけれどもがまくんの心にはある。かえるくんとがまくんは、待つことによって、すなわち目の前にないことによってこそ、互いの友達としての存在を実感することができたのである。実体としては「ない」けれど、すでにそこに「ある」。不在ではあるが、「ない」とはいえないもの、それは英語の「letter」には「文字」という意味があるように、〈言葉〉そのもののことであろう。

【付記】本論における『おてがみ』の引用は、『ふたりはともだち』（文化出版局、一九七二年）によった。傍線は、丹藤による。

注

（1）『実践国語研究別冊「お手紙」「おちば」の教材研究と全授業記録』全国国語教育実践研究会編、一九九一年一〇月、七頁。

（2）中津充「お手紙　劇作りを通して読みを深める授業」（全国国語教育実践研究会編『物語重要教材の授業　小学校2年』明治図書、一九九三年、三四頁）

（3）羽場邦子「豊かな気づきや感じ方を育む文学的文章の学習――第2学年『お手紙』の実践を通して――」（『平成五年度　広島大学研究紀要』一九九四年三月、二〇頁）

（4）木下ひさし「ともだちっていいな（一年生）――『おてがみ』（A・ローベル）を読む――」（田近洵一・浜本純逸・府川源一郎編『「読者論」に立つ読みの指導　小学校低学年編』東洋館出版社、一九九五年、八二頁）

（5）硲起代「『お手紙』――がまくん・かえるくんの気持ちを思いうかべながら読もう――」（『和歌山大学教育学部附属小学校紀要　第三〇号』二〇〇六年三月、一八頁）

（6）「文京区根津小学校　生徒の感想文」（『季刊絵本　第7号』すばる書房、一九八三年七月、五四頁）。ただし、氏名は掲載しないこととした。

（7）三木卓「生きものへの愛」（『季刊絵本　第7号』すばる書房、一九八三年七月、五六頁）

（8）『ひろがることば　しょうがくこくご　一下　教師用指導書研究編』教育出版、二〇一一年、二九六頁。

（9）（4）に同じ。

（10）例えば、（2）には、次のような意見が子どもから出されたとある。

①なぜがまくんはお手紙をもらったことがないのか。

②かえるくんは、どうしてすぐに自分がお手紙を出したことをがまくんに教えなかったのか。

③二人は、どうして四日間もじっとお手紙が来るのを待つことができたのか。

④かたつむりくんではなくて、他の人に頼めば四日間も待たなくてよかったのに。

⑤これから二人の仲はどうなっていくのか。

⑥がまくんもかえるくんに返事のお手紙を書いたのだろうか。

（11）宮川健郎「かえるくんの手紙は、『素晴らしい』か――アーノルド・ローベル『お手紙』を読む――」（『日本文学』日本文学協会、一九九五年一月、六〇頁）

（12）跡上史郎「『ない』ことにまつわる『ふしあわせ』と『しあわせ』――アーノルド・ローベル『お手がみ』について――」（『文学の力×教材の力　小学校編1年』教育出版、二〇〇一年、五三頁）

(13)(12)に同じ、四八頁。
(14)(12)に同じ、五九頁。
(15)(12)に同じ、五二～五三頁。
(16)藤原和好『語り合う文学教育——子どもの中に文学が生まれる——』三重大学出版会、二〇一〇年、二〇頁。
(17)(16)に同じ、一九頁。
(18)(16)に同じ、一八頁。
(19)(16)に同じ、二〇頁。
(20)西郷竹彦「お手紙」(『西郷竹彦・教科書(光村版)指導ハンドブック　小学校二学年・国語の授業』新読書社、二〇一一年、一〇四頁)
(21)(4)に同じ、八四頁。
(22)(20)に同じ、一〇二頁。
(23)鷲田清一『「待つ」ということ』角川選書、二〇〇六年、一七頁。

2 『アレクサンダとぜんまいねずみ』（レオ・レオニ）

――テクストの行為性を求めて――

1 「自由」と「友情」

『アレクサンダとぜんまいねずみ』は、一九七五年に好学社より谷川俊太郎訳で刊行され、現在教育出版『ひろがることば　小学国語２下』に掲載されている。同じレオ・レオニの作である『スイミー』や『フレデリック』とならんで、小学校低学年に親しまれている作品と言ってよいだろう。すでに、教材研究や実践報告も少なからず書かれている。まず、教材としてどのように扱われ、子どもらはどのように読んでいるのかを検討することから始めたい。

前述の教科書の教師用指導書には、主題として「友をもつことのすばらしさ」とまとめられているが、これはいみじくも教室における読みのありようを端的に表現し得ている。つまり、この教材のポイントは二つあり、一つは「友情」であり一つは「自分（自力）」あるいは「自由」であるからだ。鈴木敬司も、主題として「小さな生きものたちの友情の美しさと、生きることへの讃歌(1)」としており、渡辺真由美は授業実践にあたって、次の二点を「教材化の視点」として挙げている。

1、アレクサンダの変化を通して、命あるものとして共に生きることについて、自由に生きることについて、二年生なりに考える契機にしたい。

2、アレクサンダとウイリーの生き方を対比することによって、自分たちの生き方についても考えさせたい。(2)

「友情」が「共に生きる」、「自由」が「生きることへの讃歌」といったようにヴァリエーションはあるにせよ、『アレクサンダとぜんまいねずみ』においては、「友情」と「自由」という二つの価値概念が教育的に重視されている。

次に、テクスト構造を検討してみよう。管見の限りで、ほぼ例外なく指摘されているのが「対比」である。これは、「人物」や「状況」を読むということで処理されていることもあるが、「アレクサンダ」と「ウイリー」の人物と生き方あるいは取り巻く状況が鮮やかに対比されており、指導においても二匹の生き方や状況を比較することは欠かせない要件としてとらえられている。秋泉愛子は、「教材化のねらい」として第一に「人物と、その人物の置かれた状況を読む（人物を対比して）(3)」を挙げている。そして、「明確に対比して描かれた二匹の境遇のちがい。この人物設定も、作品の大きな魅力である」として、「対比」を「作品の魅力」としている。「アレクサンダ」は人間にうとまれるのに対して「ウイリー」はかわいがられる、「アレクサンダ」は自由であるが「ウイリー」はぜんまいをまかれた時しか動けない、といったように二匹はことごとく対比されており、二匹の差異を読むことが強調されているのである。西郷竹彦が指摘するように、「対比」は「反復」されることによっていっそう効果的になる。(4)そして、「対比」が逆転することもテクストの特徴となっている。「アレクサンダ」は「ウイリー」のように人間にかわいがられたいという思いを強くし、

「来る日も来る日」も「むらさきの小石」を捜す。自分がぜんまいねずみになって人間にかわいがられたいからである。しかし、実際に「とかげ」に依頼したのは、自分がぜんまいねずみになるのではなく、ぜんまいねずみを生きたねずみにするという全く逆のことであった。事態は逆転したのである。

テクストの構造的な特徴が対比と逆転にあるとすれば、読まなければならないことは、なぜ事態はそのように逆転したのか、またはその時の「アレクサンダ」の心情的変化はどのようなものか、ということになろう。このことが、実践的な課題として重視されていると言ってよい。「アレクサンダ」はゴミとして捨てられそうな「ウイリー」を見て、自分がぜんまいねずみになるのではなく、「ウイリー」を生きたねずみにするよう「とかげ」に依頼するのであった。したがって、なぜ「アレクサンダ」はあれほど憧れていたぜんまいねずみになるのを断念したのか、「アレクサンダ」の心情はどのように変化したのかを読むことが次に大事なものとなる。この点を把握させておかないと、「アレクサンダ」と「ウイリー」が「夜明けまでおどりつづけた」ことの意味が見えてこない。「人物の心情の変化を読む」（秋泉）、「願いを変えるアレクサンダ」（渡辺）、「どんでん返し」（西郷）といったように、「アレクサンダ」はなぜ願いを変えたのかという「変化」を読むことが実践的な課題とされているのである。

次に、授業において、子どもらは実際にどのような反応を示し、どのように読んでいったのかを検討することにしたい。「アレクサンダ」が、あれほど憧れていたぜんまいねずみになることをなぜ断念したのか、このことをとらえさせるために方法として用いられているのは、「ぼくは……」の「……」の部分を想像し考えさせるというものである。「アレクサンダ」の「変化」を考えるうえで有効と思われる。

前記秋泉実践[5]では、「授業のようす」として、「〈ウイリーとアレクサンダの境遇のちがいをつかむ〉から」、「〈ひとりぼっちのときのアレクサンダの気持ちを読む〉から」を挙げ、最後に「〈アレクサンダの願いの変化と願いがかなった喜びを読む〉から」では、「ぼくは……」の続きを考えさせ、吹き出しによって表現させる実践を行っている。子どもの反応を拾ってみよう。

（「ぼくは」の後、どうして続けて言わなかったのかな？）

①ウイリーはあのまま捨てられちゃう。そうなると、アレクサンダだけ残っちゃう。友だちがいなくなっちゃうといやだから、ウイリーをねずみにかえてあげる。そうすれば自分がウイリーを助けてあげることになる。

②ウイリーはアレクサンダの最初の友だちで、一番の親友。ぜんまいねずみになったら、ウイリーが捨てられたように、自分だって捨てられちゃう。それでウイリーをふつうのねずみにかえて、いつまでもアレクサンダといっしょに、壁の下の暗闇の巣の中で暮らした方がいいと思った。

（「ぼくは……」と言いかけて、アレクサンダが考えたことを書いてね）

③ぼくがここでぜんまいねずみになったら、ウイリーはどうなる……。そうだ。ウイリーをぼくみたいなふつうのねずみにしてあげれば、ウイリーも助かるし、ぼくの夢、ウイリーといっしょに暮らせることもかなう。

……ウイリー、待ってよ。

④ぼくは……。待てよ。ウイリーは、ねじをまいてもぐるぐる回るしかできなかった。ウイリーを助けなくちゃ。だって、ぼくとウイリーは、一番目に会った一人しかいない大切な友だちなんだ。それをなくすなんていやだ。よし、ウイリーをぼくみたいなねずみにかえてあげよう。

秋泉実践では、「自由」よりも「友情」に子どもは「アレクサンダ」の変化の原因を求めているようだ。つまり「一番の親友」「大切な友だち」を失いたくないという気持ちによって「アレクサンダ」は「ウイリー」を生きたねずみに変えるよう願いを変えたとするものである。

渡辺実践(6)においても「ぼくは……」の箇所を問題としているが、クラスの話し合いによって読みが深まっていく過程が表れている。はじめのうちは、「⑤ぼくは……。の後は、ぜんまいねずみになりたい。だって人間にちやほやされたいからって言うと思う」といったぐあいに、ぜんまいねずみへの未練を捨てきれないでいる「アレクサンダ」の気持ちを看取している。しかし、それは、次のような読みに展開する。

⑥〈前略〉やっぱり、ウイリーになったところで、ウイリーは、自由に動けないから、こわれたらちやほやされないし捨てられちゃうから、ぜんまいねずみになりたかったけど悩んでる。だから、ぼくの……は、悩んでいる点々だと思う。ぼくだったら、その後、ちょっと待って、ウイリーって言って、ウイリーをふつうのねずみに変えてって言うよ。

⑥は不自由なウイリーという点に着目し、「自由」に思い至っている。そして、「悩んでいる」という「アレクサンダ」の葛藤を見てとっているのである。そのうえで、「⑦言いたいんだけど、ぼくは、友だちがほしかったから、ウイリーを、ふつうのねずみにかえてって、アレクサンダは言ったと思うよ」という「友だち」を失いたくない理由が導き出されている。そして、最後の「〈アレクサンダへの手紙〉から」では、「自由に動ける」といった言葉が子どもの中から出てきているのである。『アレクサンダとぜんまいねずみ』においては、「友情」と「自由」はけっして別にとらえられるのではなく、表裏一体となっていると見るべきであろう。

次に、藤原鈴子は、「みんなにちやほやかわいがられることを幸せと考え」たり「自由ということを、したいほうだい、好き勝手にすることと思っている子もたくさんいます」という認識から、「この教材で、『ほんとうの幸せとはどんなことか』を考えさせ」る実践を試みている。(7) その中でも、とりわけ藤原の実践の核心に迫る発問と考えられる「『アレクサンダとぜんまいねずみと、どちらがいいか』と二者択一させることによる《まとめよみ》」から子どもの反応を引こう。子どもはもちろんアレクサンダがよいとする。しかし、重要なのはその理由の方であるだろう。

⑧だって、ウイリーは、ちやほやされても捨てられるし、捨てられても逃げられない。アレクサンダは、追いかけられるけれども自由。
⑨ウイリーは、自分の力で何もできない。アレクサンダは、どこにでも行けるし、好きなことができる。
⑩ウイリーは、しゃべれるけど、生きてないみたい。アレクサンダは元気だから、アレクサンダの方がよい。

子どもたちは、たとえかわいがられなくとも自由で主体的に行動できるアレクサンダを選択しており、自由という価値を発見していくのである。また、藤原が別のところで説く「夜明けまでおどりたいだけおどり、疲れたら自分でやめる、というふうに自分の意志のとおり動くことこそが、自由で幸せといえる」(8) という思いに近い反応となっている。ウイリーにとって「自由」とは「友情」の証《あかし》であるだけでなく、「主体的」に生きることをも意味しているということになろう。

2 〈方法〉の問題化

大人が読むような小説であれ、子ども向けの童話や絵本であれ、およそ文学作品は感動といった具体的な行為を通して読者にある効果なり作用なりを及ぼそうとするテクストである。音楽にせよ絵画にせよ、芸術と言われる媒体は、原理的に「共感」なり「感動」なりを受容者に喚起させようとする。読んだからといって必ずしも感動するわけではないが、感動がなければ効果や作用を被ったとも言えないことになる。しかし、少なくとも文学テクストは、作者の意図や主題を内在させ読者に掘り起こされるのをスタティックに待っているのではなく、読者になんらかの効果・作用を及ぼそうとするだろう。したがって、教材研究とは、テクストが読者にどのような作用を及ぼそうとしているのか、その行為性を見極めるという作業になる。作者は何を言いたいのかではなくて、小学校低学年レベルの子どもに作品としてどのような効果や作用を及ぼそうとしているのかを想定する（仮説を立てる）ことが肝要になる。

これまで見てきた教材研究や授業実践から、『アレクサンダとぜんまいねずみ』というテクストの読者に作用しようとするものは何かを検討していくこととしよう。テクストが読者にどのような効果や作用を及ぼそうとしているのかを追求するうえで重要なのが、〈方法〉を問題化するということである。つまり、何が書かれているかばかりではなく、どのように書かれて（表現されて）いるかを読むものでなければならない。

そこで、『アレクサンダとぜんまいねずみ』で有力な方法は、まずは絵である。もともとレオ・レオニはグラフィックデザイナーであって、絵はたんに補助的な役割にすぎないというものではなく、むしろ文と絵が一体になっていると見て差し支えない。(9) また、実際、小学校二年生の子どもは絵にひきつけられるだろう。したがって、絵を読むということも重要な要素となる。ところが、絵本には十六場面の絵があるのに対して、教科書では七場面と少ない。ページの都合上やむを得ないのだろうが、授業では原作によって補う必要があると考える。というのも、アレクサンダの置かれた状況を理解するために、また二匹の対比（対照性）を際立たせるために、絵の意味は無視し得ないものとなっているからだ。アレクサンダが理由もなく人間から不当な扱いを受けること、ちやほやされるウイリーとは反対に暗い穴倉で孤独に過ごす様子などは、絵によって子どもに印象づけておきたいところである。

絵と文が一体となって読者に印象づけようとすること、それは、これまで引いた授業者たちがこぞって指摘するように、「アレクサンダ」と「ウイリー」の対比（対照性）にほかならない。「アレクサンダ」と「ウイリー」は人間による扱われ方から生活ぶりまで、ことごとく対照化される。これも多く指摘される『たすけて！　たすけて！　ねずみよ！』悲鳴があがった。」という効果的な書き出しも、「アレクサンダ」に対する人間の日常的な扱いがきわめて不当なものであることを表象しているだろうし、絵では逃げる際の「アレクサンダ」の目が後ろを向いていることが、「アレクサンダ」の人間に対する批判という意味を表しているもいるだろう。

しかし、一方で絵では理解し得ないものもある。例えば、「アレクサンダ」が人間に嫌われるのは、その存在自体であって行動ではないことなどである。

アレクサンダがほしかったのは、一つ二つのパンくずだけ。それなのに、人間は、かれを見つけるたびに、たすけてと悲鳴をあげたり、ほうきでおいかけたりする。

つまり、人間にとっては「一つ二つのパンくず」が問題なのではなく、生きたねずみという存在自体が嫌悪の対象となっているのである。行動であれば嫌われないようにすることは不可能ではない。しかし、もし、「ウイリー」同様人間にかわいがられる対象になろうとするのであれば、存在そのものを変えなければならない。「アレクサンダ」が夢中で「来る日も来る日も」「むらさきの小石」を捜すのは、それが存在の変更を要請するものだからである。「アレクサンダ」は、「ウイリー」的世界に憧れてやまない。自分の存在を否定し「ウイリー」そのものになることを願うのであった。「『ぼくは、あんまり大事にされない。』」から「『ぼくも、ウイリーみたいなぜんまいねずみになって、みんなにちやほやかわいがられてみたいなあ。』」と思う気持ちが強くなっていく。一方、「ウイリー」の方は、「『みんなちやほやしてくれる。』」「『みんな、ぼくをかわいがってくれるよ。』」「『みんな、ぼくをかわいがってくれる。』」と、たとえ自ら動くことができなくとも、現状に一〇〇パーセント満足している。このテクストが、読者に「アレクサンダ」と「ウイリー」の対照性を際立たせようとするのは、次に展開する逆転をダイナミックにするためであろう。「アレクサンダ」は自分がぜんまいねずみになるのではなく、ぜんまいねずみを生きたねずみに変えることを「とかげ」に願う。先述したように、事態は逆転するのである。読者はそこで多少戸惑い驚くだろう。しかし、『みにくいあひるの子』さながら、読者はその逆転劇を好意的に受け入れるにちがいない。そして、そのような効果的な逆転劇を設定するのは、「ウイリー」的世界よりも「アレクサンダ」的世界がすばらしいことを読者に強く印象づけるためにほかならない。

　このテクストが全体として、幼い読者に作用しようとするのは、疑いもなく「アレクサンダ」の価値観であり生き方である。このことは、別の言い方をすれば、「ウイリー」的生き方の否定である。「ウイリー」は確かに人間からかわいがられる安楽な生活の中にいる。しかし、それはあくまで自分の力で得たものではなく与えられたものであり、そもそも「従属的」[10]な生き方でしかない。それに対して、「アレクサンダ」はたとえ人間から迫害されようとも自らの力で自由に、そして主体的に生きている。冒険に満ちてもいるのである。二匹がラストで「夜明けまでおどりつづけた」のは、自由であることの喜びを表現しているだろう。「友情」にしても、「アレクサンダ」がぜんまいねずみになるのでは本当の友だちとは言えないと思われる。二匹が自由で自立していてこそ、友人関係が成立するのであって、この場合けっしてその逆ではない。つまり、「アレクサンダ」は自分がぜんまいねずみになるのではなく、ぜんまいねずみを生きたねずみに変えるよう願うという逆転は、「アレクサンダ」と「ウイリー」との関係はもちろん、二匹の世界に対する見方や関わり方といった関係性の変容でもあった。

幼い読者たちが、けっして他者から与えられたものではなく、「自由」と「自立」という価値を知らず知らずのうちに尊重する、あるいはそのような生き方を選択する、この作品はそのように作用するよう仕組まれたテクストであると言うことができよう。「アレクサンダ」と「ウイリー」の生き方や世界との関係性の変容を読むことで、自らの生き方や世界との関係性を見直すよう仕向けられているのだ。タイトルにおいて、「アレクサンダ」は固有名で示されているのに対して、「ウイリー」は「ぜんまいねずみ」でしかないのは、「アレクサンダ」的世界の前景化と「ウイリー」的世界の否定というテクストの作用の方向を端的に物語っていよう。

3　読みにおける作用と反作用

『アレクサンダとぜんまいねずみ』という作品が、「ウイリー」のごとき不自由ではあるが人間の庇護《ひご》のもとで安楽に暮らす生き方をしりぞけ、「アレクサンダ」のような自由で自立した生き方に立たせるよう作用しようとしていることは、これまで述べてきたところである。実際の教材研究においても、また子どもらの反応としても、「友情」や「自由」の価値を認識する方向でなされてきたことも確認した。それは、『アレクサンダとぜんまいねずみ』の読者に作用しようとする方向に合致した、きわめて妥当な読み方であると言えよう。「アレクサンダ」の世界や生き方と「ウイリー」のそれが対置され、前者が前景化され後者はしりぞけられるわけだけれども、前者が作用だとすれば、後者は反作用となろう。一般的に教材研究において作用面はよくとらえられているが、反作用の面は等閑《とうかん》に付されがちなのではないだろうか。しかし、本教材においては、「ウイリー」の世界や生き方を検討してみることもテクストをトータルに読むうえでは重要なのではないかと考える。読者は、はじめから終わりまで「アレクサンダ」に自己を同化させて読んでいくだろう。物語世界においては、子どもらは「アレクサンダ」に感情移入するにちがいない。読者は、実際「アレクサンダ」ではないものの、「アレクサンダ」になったような気持ちになって虚構世界を生きていく。そのような中間的な位相をとることが文学的なテクストの特徴である。しかし、実生活では、子どもらは、「アレクサンダ」であるよりは、むしろ「アニー」ではないだろうか。先入観によってねずみの存在そのものを否定したり、新しいおもちゃを買ってもらえば古いものは平気で捨てたりはしないだろうか。「アニー」は二度登場するだけであり大した役割を担っているわけではない。管見の限りにおいては、「アニー」を本格的に取り上げた例は皆無である。しかし、「アニー」ばかりでなく「ウイリー」、いや「アレクサンダ」も含めて、このテクストが否定しようとした反作用の方向を見極めることが実は肝要なのではないか。というのも、そのことで「アレクサンダ」的価値はいっそう鮮明なものとなり、このテクストの批評性が浮上してくるものと考えるからである。

「アニー」は大量消費社会に生きる現代の子ども像の、ある意味で典型として表象されている。新しいゲームソフトが発表されると行列をなしてまで買い求め、どんどん消費するよう仕向けられている。そんな現代の消費社会を彷彿《ほうふつ》とさせるものがある。新しいおもちゃを与えられるとそれまでかわいがっていたおもちゃはあっさりとゴミとして捨てられる。「ウイリー」はそんな大量消費社会のいわば犠牲者である。しかし、「ウイリー」はそれに気づきもしないし気づこうとさえしない。「みんな、ぼくをかわいがってくれる。」という確信があったからだ。この台詞《せりふ》は本文中三度くり返される。ただし、「ウイリー」に決定的に欠けていたのは、藤原や那須が指摘したように、彼の満足は基本的に他力によるものであるということだ。「ウイリー」の幸せはけっして自分の手でつかんだものではない。他力である以上、相手の都合によって事態や待遇が変更されてもなんら不思議ではない。「ウイリー」は自分では行動できないと言ってしまえばそれまでだが、他人によってしつらえられた幸せ、あるいは他力による安楽な生活というものは、所詮《しょせん》は虚妄《きょもう》でしかない。「ウイリー」の目をくらましていたものは「かわいがられる」「ちやほやされる」という陶酔観であったかもしれない。「ちやほやされるけれども、用がなくなれば、捨てられるという、ぜんまいねずみのおもちゃとしての本質です。アイドルと言いますか、そういうものの本質が、語られているのです(11)」と西郷が示唆するように、「ウイリー」は子どもたちが憧れてやまない現代の芸能人・アイドルのアレゴリーとして読むことも可能なのではあるまいか。「ちやほやされる」かもしれないが、ほどなく飽きられ、そして簡単に捨てられる。それが、アイドルとしての「ウイリー」のあらかじめ定められた運命でもあった。存在をないがしろにされる「アレクサンダ」にとって、みんなに「ちやほやされる」、「かわいがられる」ということは、羨望以外のなにものでもなかった。「アレクサンダ」は一人寂しい暗い「かべの下のあな」で「ウイリー」をうらやむ。「ちやほや」されたいという願望は現代の子どもにも大なり小なりあると言えるだろう。芸能人に憧れるのは、自分もああなりたいという潜在的な願望の裏返しであるはずだ。しかし、そもそも虚妄であるアイドルになりたいと思うこと自体が虚妄であると、このテクストは断固として訴える。それが、逆転劇である。捨てられようとしている「ウイリー」を見て、「『かわいそうに、かわいそうなウイリー！』」と「アレクサンダ」は同情する。自分が憧れていたアイドルの末路を目にしてしまう。ここで、「アレクサンダ」の認識や価値観は解体しはじめる。

先にも述べたように、子どもたちは「アレクサンダ」に自己を同一化して読んでいくだろう。しかし、実際の子どもらの中には、「アニー」的要素もあり「ウイリー」に憧れる気持ちもあるにちがいない。もし、そうであるとするなら、自分の中の「アニー」、「ウイリー」のような自分をどこまで自覚的に読んでいけるかが一方で肝要なのではあるまいか。そのようなテクストが批判する反作用をおさえておくことが実はこのテクストの自由・自立といった作用をより鮮明にし批評性に目を見開いていくことになるものと考える。

【付記】本論における『アレクサンダとぜんまいねずみ』の引用は、『ひろがることば　小学国語２下』（教育出版、二〇一一年度版）によった。また、絵本は、谷川俊太郎訳『アレクサンダとぜんまいねずみ』（好学社、一九七五年）を参照した。

傍線は、丹藤による。

注

（１）鈴木敬司「教科書教材としての、レオ＝レオニの作品をめぐって」（『文学と教育』文学と教育の会、一九七二年一二月、三五頁）

（2）渡辺真由美「アレクサンダとぜんまいねずみ」（『国語の授業』児童言語研究会編、一光社、一九九八年二月、二〇頁）
（3）秋泉愛子「アレクサンダとぜんまいねずみ」（日本文学教育連盟編著『味わう力を育てる文学作品の授業　2年』あゆみ出版、一九九七年、五一〜五二頁）
（4）西郷竹彦『西郷竹彦教科書指導ハンドブック　新訂・小学2年の国語』明治図書、一九九六年、一〇〇頁。
（5）（3）に同じ。
（6）（2）に同じ。
（7）藤原鈴子「『アレクサンダとぜんまいねずみ』の授業」（『新版文芸の授業・小学校2年』明治図書、一九九七年）
（8）藤原鈴子「アレクサンダとぜんまいねずみ」（『文芸教育』明治図書、一九九〇年九月、三八頁）
（9）鈴木敬司は「『絵本』への問いかけ」（『月刊国語教育研究』日本国語教育学会、一九八九年六月、三〜四頁）の中で、絵本のパターンを、「文章主導型」「絵画主導型」「文章・絵画統一型」の三つに分類し、『アレクサンダとぜんまいねずみ』を、「文章・絵画統一型」に入れている。
（10）那須光夫は「アレクサンダとぜんまいねずみ」（『文芸教育』明治図書、一九八五年五月、四〇頁）において次のように述べている。「この作品の認識の内容（作品の思想）は、人間が幸せに生きるということは、たとえ苦しくても、また、従属的に生きるということではなく、自由の中で主体的に生きていくということなのであるということをわからせていきたい。」
（11）（4）に同じ、一〇一頁。

3 『注文の多い料理店』（宮沢賢治）

――第三の視線――

1 『注文の多い料理店』は言語実体論では読めません

作品集『注文の多い料理店』（一九二四年刊行）所収の『注文の多い料理店』は、一九七七（昭和五二）年度版東京書籍『新しい国語　五上』に採録され、以来小学校教材として広がったばかりでなく、中学校・高等学校においても掲載され現在に至っている。(1) 一つの作品が小学校から高校まで教材化されるといった例は他になく、発達段階が要件である教材としては特異な位置をしめるものである。

読まれ方について言えば、複数の先行研究が指摘するように、(2) また私自身述べたことがあるので詳述しないが、(3) 以下に要点のみ簡単にまとめる。本作品は、「山猫」と「紳士」に二項対立化され、「山猫」が「紳士」を批評・風刺する話とされてきた。この図式により「自然」対「人間」といった対立が前景化され、「田舎」対「都会」、「平和」対「戦争」などといったように敷衍《ふえん》化されて読まれてきたとも言えよう。犬が死んでもお金に換算し、「たゞでご馳走するんだぜ」とか「貴族とちかづきになるかも知れないよ」といったように欲望をあらわにし俗物性にまみれた「紳士」たちを、「山猫」が懲らしめるといった勧善懲悪的な物語として読まれていた。このような読みの根拠とされたのは、作者自身による「広告チラシ」であることは疑いを容《い》れないだろう。

　二人の青年神士《ママ》が猟に出て路を迷ひ「注文の多い料理店」に入りその途方もない経営者から却つて注文されてゐたはなし。糧に乏しい村のこどもらが都会文明と放恣な階級とに対する止《や》むに止まれない反感です。[4]

　つまり〈「山猫」＝「村のこどもら」〉だとされたのである。しかし、そのような善玉（自然）としての「山猫」と悪玉（人間）としての「紳士」といった「寓意的な読み[5]」は変更を余儀なくされていったことも研究上自明である。つまり、「紳士」を食べようとした「山猫」の側にも問題は認められるのであって、〈「山猫」↕「紳士」〉といったように両者は対立するものでなく、むしろ〈「山猫」＝「紳士」〉ではないのかと問題提起された。田近洵一は「そもそも山奥のレストランそのものが、二人の紳士の欲望が生み出した幻影であった。とするなら、扉のことばも、紳士自身がつくり出したものと見るべきではないだろうか」という画期的な読みを出した[6]。この読みは「自然（山猫）の側からの文明（紳士）批判という寓意的な読みでは、この作品世界をとらえることができない[7]」とされ、「紳士や山猫を否定的に見ていくことにより、逆に自分自身の自己中心性、俗物性に気づく。ここに、教材価値を見たいと考える[8]」といったように、『注文の多い料理店』の読みの前提として定着していった。授業においても、「山猫」の側に子どもらを立たせ、俗悪なる「紳士」を風刺・批評するといった読みは見直しを迫られていったのである。

　では、実際の教室で子どもらはどのように読んでいるのだろうか。宮川健郎は、〈「山猫」対「紳士」〉＝〈自然対人間〉とすら読んでいないとしている。宮川は、小学生の読みを調査し、〈「紳士」対「山猫」〉

といった二項対立には立たず、「紳士を肯定的に評価する者がかなりの数いた[9]」と述べる。つまり、子どもらの反応は、教材研究レベルで言われるような、欲深く、俗悪な「紳士」という評価ではなく、「山猫にだまされてしまう紳士たちに同情をよせているのにだ」としている。そして、「この『注文の多い料理店』には、ちらしの内容がきっちりと実現されていることをみとめなければならない」にもかかわらず、子どもらは「紳士」たちを「肯定的に評価」しているとする。子どもらの読みという点では、牛山恵も「広告ちらしのように読むことを期待するのは、現代の子どもの読者には無理というものだ」と断じている[10]。子どもらは「生活体験を基盤として作品を読む」のであって、「糧に乏しい村のこどもら」は、現代の「子どもの想像を超えている」と言う。では、現代の子どもはどう読んでいるのか。牛山は、小学生の初発の感想を分析して次のように述べている。

子どもたちは、二人の紳士に起こったできごとを他人事として、自分を傍観者にはしないのだ。二人の紳士に起こったことは、自分の身に降りかかってくる可能性のあることととらえるのである。あまりの恐怖に顔が紙くずのようになってしまうという異様なできごとも、物語の中の嘘とするのではなく、自分にも起こりうることの比喩として受け止める。／そうなる原因は、人間の欲やエゴにある。人間が動物と共生する道を忘れ、自然破壊をくり返し、地球環境の悪化に歯止めをかけない限り、自然は山猫のように牙をむいて私たち人間に襲いかかってくるということだ。子どもたちはそう読むのである[11]。

牛山は、子どもらが「人間が動物と共生する」「地球環境の悪化」という現代的なコードに引きつけて読んでいるとしている。それは、牛山の言葉で言えば「教訓的な読み」ということになる。

五十井美知子は、「この作品を一読した子どもの多くは、思いがけないどんでん返しに驚き、ゾッとするような思いをしたと感想で述べている」と言う。「でも、なんといっても一番こわかったのは、二人の顔が、くしゃくしゃになって東京に帰ってからも、なおらなかったということです」という子どもの感想にあるように、人気のある作品であると同時に「こわい」という印象を持つ子どもも多いと述べている。(12)

府川源一郎が指摘するように「この作品に読み手がいやおうなく引き込まれてしまうこと、そこに作品の教材としてのもっとも大きな価値がある(13)」のであり、宮川によれば「彼ら〔子ども読者のこと—丹藤注〕は、かならず、この作品を『おもしろい』というのである(14)」とされる。しかし、「おもしろい」けれど「こわい」「おそろしい」といった感想もあることが報告されており、子どもの率直な読みとして興味深い。一方で、「紳士」たちを「かわいそう」と同情的に見たり、「環境問題」という学校で取り上げられているような同時代的タームを当てはめようとする傾向も指摘される。牛山が言うように、文学教材の読みは、学校という制度の中で「教訓」に変換されて終わっているのである。子どもの初発の感想や反応はそれ自体大事なものである。しかし、同時に、それは大事であるがゆえに変容・深化されねばならない。別の言い方をするなら、子どもならずとも読みとは、生活・経験・感性といった読者自身の文脈によって読んでいくものである。しかし、それは、まさしくこの「紳士」たちがそうであるように、自己化することでもある。それだからこそ、〈他者=他なるもの〉の文脈に参入し、葛藤してせめぎあうものでなければならないだろう。あるいはそのように授業をすすめることが求められる。それは、主人公主義・内容主義にとどまる読みから、あるいは「寓意的」「教訓的」読みから、子どもを〈文学〉に向かわせることにほかならない。そのためには、〈文学〉として読むとはいかなるものかが問われなければならない。

2 〈文学〉として読むとはどういうことですか？

須貝千里は、『注文の多い料理店』はいまだ〈文学〉として読まれていないと断言している。なぜかというと、彼の言い方で言うなら、「〈ことば〉の社会的な約束ごと」のレベル＝「実用的な言語能力」で読まれているからだとする。その根拠として挙げられるのが、「現実―幻想（非現実）―現実」という構成把握である。この見方は、恩田逸夫以来、最近の小森陽一にまで引き継がれ、『注文の多い料理店』を掲載する小学校教科書にまで及ぶとらえ方である。[15] 本文中「風がどうと吹いてきて、草はざわざわ、木の葉はかさかさ、木はごとんごとんと鳴りました。」という表現が二度登場する。つまり、「現実」から「風」が吹くことによって「非現実」になり、また「風」が吹いて「現実」に戻るという見方である。「『風がどうと吹いて』くれば、賢治の世界では、異世界の入口の徴《しるし》です[16]」とされるように、作家宮沢賢治まで導入されて、いかにもわかりやすい判断と言ってよい。しかし、それでは、おかしなことになってしまう。すなわち、「現実」で死んだはずの「白熊のような犬」が「非現実」の世界で生き返ることをどう解釈するのかという疑問である。また、三つ目の扉を開ける前に「風がどうつと室の中に入つてきました」とあるが、この「風」はどう解釈したらいいのか。「幻想（＝非現実）」世界において、さらに「幻想」が起こるのだろうか。恩田は、次のように述べる。

まず、構成を整理すると、①発端（現実のこと）、②現実から幻想への予備的段階、③幻想（料理店の場面）、④幻想から現実への予備的段階、⑤結末（現実のこと）、となります。③が大部分を占めていて、その両わきに、②と④、①と⑤が対応しています。②は、「白熊のやうな」二頭の猟犬が死んでしまう場面です。おそらく、読者である児童たちは、ここで犬が死んだのに、あとで二人の紳士を助けにとびこんでくるのはおかしいと思うでしょう。しかし、構成上で、②はすでに半分は幻想なのです。[17]

「半分は幻想」といった見方自体に無理があり、それでは「風が……」の意味はほとんど失われると思うが、そもそもそのような把握の仕方自体が実体的である点は否めない。しかし、〈自然対人間〉といった読みの大枠とともに、「現実―非現実―現実」という構成把握は自明のこととして『注文の多い料理店』の読みを支え続けたろう。しかし、それだからこそ、文学として読まれてこなかったと須貝は言う。

わたしは、「現実―幻想（非現実）―現実」という、一見自明に思える恩田の見解、暗黙の前提の制度化が、その後の「注文の多い料理店」の〈読み〉の障害となってしまっていることを問題としたい。それが「注文の多い料理店」を〈文学〉として立ち上がらせるための障害となり、〈読み〉の意識せざる混迷の要因となっているのである。したがって、その克服が、〈文学〉、〈文学教育〉にこだわると言うならば、欠かせない課題となる。[18]

須貝は、恩田の構成把握が制度として『注文の多い料理店』の読みを「混迷」させ、〈文学〉として読むための「障害」となっているとする。〈読み〉の「混迷」や「障害」となっている原因は、言語のレベルで、須貝の言葉で言えば、「〈ことば〉の社会的な約束ごと」のレベル＝「実用的な言語能力」であり、本書では〈言語実体論〉となる。それでは、『注文の多い料理店』において、〈文学〉として読むとはいかなることを言うのか。

須貝は、〈文学〉として読むためには、「〈ことば〉の社会的な約束ごと」のレベル、つまり実体的な「表層」ではなく、「表層」を手がかりとしつつも「深層」というメタレベルへと読み進むものでなければならないとする。

「山猫は紳士の自己幻想」〈田近論―丹藤注〉とか「言葉の多義性」〈小森論―丹藤注〉とかを問題化することには、作品の表層から深層への〈読み〉の転換を求めていく力が潜在していることを認めないわけではない。しかし、その力を受けとめるためには「現実―幻想〈非現実〉―現実」という構成把握の自明性を突破することが求められているのだ。ここに、この作品の〈文学〉が問題化される地点、この作品が〈文学〉として立ち現れてくる地点がある。[19]

それでは、『注文の多い料理店』において「深層」を読むとは具体的にどのようなことか。

「山猫軒」は、「二人の紳士」に「自然への恐れの感情が潜在し」〈田近論―丹藤注〉ていたことを示すのでも、「村のこどもら」の「『都会文明と放恣な階級とに対する止むに止まれない反感』に裏打ちされているということ」〈小森論―丹藤注〉を示すものでもなく、「紳士」の世界像の自己運動が創り出しているということを示している、と。つまり、「扉」の「言葉の多義性」は、「山猫」と「紳士」の間に生じる多義性ではなく、「紳士」という存在が抱え込んでいる、その意味では一義的な世界に繰り込まれた多義性なのである。〔中略〕その「言葉の多義性」がエセ多義性としてみえてきたときに、この作品の文脈は表層から深層へと切り換えられるのである。そのとき恩田ラインによる作品構成の把握の外側が現れてくる。それが深層の文脈であり、深層の作品構成なのである。[20]

『注文の多い料理店』における注文の言葉は、客が店に注文をするのではなく、店が客に注文する。「すぐたべられます」という扉の言葉は、客が料理を食べることができるという「可能」の意味と同時に客が料理となって食べられるという「受身」の意味をも表す。それゆえ、「多義的」であり、そのような「主—客」関係は容易に反転される。しかし、須貝によれば、「山猫軒」が「『紳士』の世界像の自己運動が創り出している」ものである以上、あくまで紳士の中で起こっている出来事であり、その意味で「一義的な世界に繰り込まれた多義性」なのだとする。それゆえ、それは紳士たちの「〈わたしのなかの他者〉」の枠内での出来事であり、「殺し、殺されることがいつでも逆転しうるという問題をかかえながら、そのことを自覚化しようとしない人の内面世界の表象[21]」なのだと結論づけている[22]。

山元隆春も「『山猫軒』は紳士たちの欲望がかたちをとってあらわれたものだということや、扉の言葉には表と裏があり、それらは一方通行の弁のようなものとしてはじめから仕掛けられていたことに、再読者は気づいていくことになる。紳士たちの言葉がかたちをとった『山猫軒』は、こうした構造ごと、紳士たちの願いどおりに現実化されたものだとみなすことができる[23]」としている。田近以来、「山猫軒」は「紳士」たちの「幻想」が創り出したものという読みは定着しているような観がある。それでは「紙くづのやうになった二人の顔」も紳士たちの「自己運動」の産物なのだろうか。例えば、牛山恵が「すべてを二人の若い紳士が共同で見た夢幻の世界であったとする読みを、私は取らない」、「二人の顔に残された紙くずのようなしわは、二人の恐怖によるものではあるが、私は、山猫の悪意が残した刻印であると考える[24]」と述べるように、「山猫軒」とは、「紳士」たちの幻想なのか、そうでないのかは『注文の多い料理店』において読みの分かれるところである。私（＝丹藤）は、「悪意」かどうかはおくとしても、「山猫軒」が「紳士の自己幻想」とか

「『紳士』の世界像の自己運動が創り出している」という指摘には賛同できない。それは、まさしく、須貝論の表題ともなっている「その時ふとうしろを見ますと……」にかかわる問題である。「紳士」たちが、振り返るというくり返しなされる行為は、従来十分検討されてこなかった。しかし、この「振り返る」という行為をどのようにとらえるかが『注文の多い料理店』の読みにおいてきわめて重要だと考える。「振り返る」ことについて、例えば別役実は次のように述べている。

「山猫軒」というそのレストランは、狩猟中に深い山の中で道に迷った二人の紳士が、「ふとうしろを見ますと」忽然とそこに建っていたのである。もちろん、振り返ったのがいけなかったのだ。古来よりオルフェウスがそうであったように、イザナギがそうであったように、人々は振り返ることによって時に、思いがけなくも口を開いた世界の裂け目に、足を踏み入れることになる。／人々は自分が自分であり、世界が世界であることに疑いを抱いた時、思わず振り返るのであり、従って世界の方も、振り返られることによって一瞬混乱をきたすからである。[25]

山元隆春も「『うしろ』を見る行為」に着目して、その「意味」について次のように言う。

語り手は「若い紳士たち」の視覚を代行してこのように述べていると言ってよい。「うしろ」を「見る」というのはどのような行為なのかと言えば、それはそれまでに眼にした一つの世界に別れを告げる行為である。大げさなようだが、「うしろ」を見れば前は見えなくなる。振り返るという行為によって、「若い紳士」たちは「立派な一軒の西洋作りの家」に出会う。[26]

別役も山元も、「振り返る」こと、「うしろを見る」ことを、「世界が世界であることに疑いを抱いた」とか「一つの世界に別れを告げる」というように意味づけているが、「振り返る」行為を、そのような一般的・通常の意味に解していいものだろうか。というのは、「紳士」たちが振り返るのは、なにも「山猫軒」を見つけた時ばかりではない。これ以降何度も振り返っていることを看過できないからである。強調したいのは、「紳士」たちは扉を開けて「山猫軒」の中に入っていくわけであるが、「注文」は「扉」の表と裏の両面に書いてあるということにほかならない。「裏側」の「注文」をあげると、次のようになる。


【入口の扉】

その硝子戸の裏側には、金文字でかうなつてゐました。

　「ことに肥つたお方や若いお方は、大歓迎いたします」

【二番目の扉】

二人は云ひながら、その扉をあけました。するとその裏側に、

「注文はずゐぶん多いでせうがどうか一々こらえて下さい。」

【三番目の扉】

扉の内側に、また変なことが書いてありました。

　「鉄砲と弾丸をこゝへ置いてください。」

【四番目の扉】

扉の裏側には、

「ネクタイピン、カフスボタン、眼鏡、財布、その他金物類、

ことに尖つたものは、みんなこゝに置いてください」

【五番目の扉】

それから大急ぎで扉をあけますと、その裏側には、

「クリームをよく塗りましたか、耳にもよく塗りましたか、」

【六番目の扉】

扉の裏側には、大きな字で斯う書いてありました。

「いろいろ注文が多くてうるさかつたでせう。お気の毒でした。」

最後の扉（これは「紳士」たちは開けていない）を別にすれば、扉は六枚になるが、六枚の扉のうちすべての扉の裏側にも「注文」が書いてあることになる。別役や山元が付与する以上の意味があると言って間違いでない。一般に、開けたドアの「裏側」をいちいち振り返って見るなどということはないからである。では、なぜ、「紳士」たちは、こうも「振り返る」のか。

これは、背後に「山猫」がいるのである。そもそも「風がどうと吹いてきて……」というのは、「山猫」が登場した徴候なのである。その根拠は、作品集『注文の多い料理店』の冒頭に位置する『どんぐりと山猫』において、「一郎」は「山猫」を訪ねて歩くのだが、「馬車別当」と話している時次のようにある。

そのとき、風がどうと吹いてきて、草はいちめん波だち、別当は、急にていねいなおぢぎをしました。

一郎はおかしいとおもつて、ふりかえつて見ますと、そこに山猫が、黄いろな陣羽織のやうなものを着て、緑いろの眼をまん円にして立つてゐました。

作品集『注文の多い料理店』において、風が吹くのは、「山猫」が現れたことを意味する。「紳士」たちも自覚はしていないものの、何かの気配を感じて「ふりかえ」るのであり、それは実のところ「山猫」が背後にいるからなのである。したがって、「山猫」は『どんぐりと山猫』にも登場する以上、「山猫軒」は「紳士の自己幻想」とも「『紳士』の世界像の自己運動が創り出している」とも言えないことになる。「山猫」は「紳士」の眼には見えないけれども、はっきりとそこに在る。それでは、「山猫」とは何を意味するのか。

3 畏怖する語り手

「すつかりイギリスの兵隊のかたち」をした「二人の若い紳士」は、「なんでも構はないから、早くタンタアーンと、やつて見たいもんだなあ。」「鹿の黄いろな横つ腹なんぞに、二三発お見舞もうしたら、ずゐぶん痛快だらうねえ。」と狩猟をゲーム感覚でとらえ、動物の命などなんとも思っていない。彼らの強欲が「だいぶの山奥」へと入らしめたのであり、「白熊のやうな犬」を死に至らせ、「専門の鉄砲打ち」を迷わせた。「二千四百円の損害」の「紳士」（Aとする）と「二千八百円の損害」の「紳士」（Bとする）の間には、小森陽一が指摘するように、(27) ヒエラルキー（階層）が生じている。Aの「紳士」がおかしいと疑問を呈しても、Bの「紳士」が知ったかぶりをして解釈し、次なる「扉」を開けていくというくり返し起こる出来事の伏線がここにある。金銭の多寡によって生じたヒエラルキーによって、彼らのコミュニケーションには対話がなく解釈は歪《ゆが》んだものとなる。そして、彼ら自身もまた道を失うことになる。そういった「紳士」たちのありようそのものが「山猫」の登場を誘発する。

「山猫」は「紳士」たちの背後にいる。そして、「紳士」たちを見ている。「紳士」たちは、見られていることを感じて「ふとうしろを見ますと」、そこに「山猫軒」や「注文」の文字がある。つまり、「紳士」たちは見られることによって見るのであり、同時に、見ることによって見られるのである。この点、小森が言うような「主客の転倒[28]」ではない。ここでは「主体と客体」に分けられるのでなく、「主体」であると同時に「客体」でもある。〈見ること〉は同時に〈見られること〉である。あるいは〈見る〉から〈見られる〉のである。「紳士」たちは〈欲望する〉から〈欲望される〉のであり、横山信幸が言うように、『『食う』は『食われる[29]』』という世界なのである。しかも、その〈見る―見られる〉というこのテクストに特徴的な関係性だけでない、刮目《かつもく》せざるを得ないのは、「うしろ」から見られているという事態である。見る者（これを甲とする）と見られるモノ（者・物）（これを乙とする）があって、甲は乙を見ているのであるが、乙もまた甲を見ているのであり、しかも、乙は甲の背後から見ている。それゆえ、「ふりかえ」らざるを得ない。これが、『注文の多い料理店』における〈見る―見られる〉の特異な関係性のありようなのである。このことは、『注文の多い料理店』に限ったことではない。賢治の、保坂嘉内宛書簡の一部を引く。

> 私は春から生物のからだを食ふのをやめました。けれども先日「社会」と「連絡」を「とる」おまじなゐにまぐろのさしみを数切たべました。又茶碗むしをさじでかきまわしました。食はれるさかながもし私のうしろに居て見てゐたら何と思ふでせうか。「この人は私の唯一の命をすてたそのからだをまづさうに食ってゐる。[30]」……

賢治自身は目の前の「まぐろ」を見ているのであるが、その「まぐろ」は賢治の「うしろに居て見て」いるのである。

先に見たように、『注文の多い料理店』を〈文学〉として読むとは、テクストの「表層」のレベルから「深層」へ向かうことだとされていた。『注文の多い料理店』で言うなら、この対象を見ていながら、その見ている対象はうしろから見ているという〈ことばの仕組み〉をどう読むかが、「深層」へと向かうことになるのであり、〈文学〉の扉を押し開けることになるのではないか。

その「深層」ということでは、横山信幸は次のような見解を示している。[31] すなわち、「注文」は多義であるのに対して、「紳士」たちは一義に解釈している。これは、「本来多義的で重層的で決定不可能なことばの意味を、わたしたちは自らが立っている地点からのみ一義的に解釈して使っている」というわれわれの言語生活一般と同様である。そこで、横山は丸山圭三郎の文化記号論を援用して、表層の意識と意識下に抑圧された論理としての深層（＝「混沌《カオス》と意識《コスモス》との間の生の円環運動」）という見方を示唆するのである。つまり、「紳士」たちの一義的解釈は、「日常の表層世界、一義化され極度に合理化されている制度、画一化された価値観等々」を象徴的に表現しており、『注文の多い料理店』は、それとは異なる「深層」の「混沌」を示唆している。前記横山論文では「『食う』は『食われる』」という『注文の多い料理店』における独自な世界を開示して見せたが、横山が援用する丸山論では、表層と深層との「生の円環運動」の範囲を出ることがなく、「わが心のうちなる『山ねこ』」という横山論文の表題が示すように、「山猫」は「紳士」（あるいは私たち）の内部にいることになり、「うしろから見られる」という事態を説明できない。

先に引いた五十井は子どもが「こわい」という反応を示すことを述べていたが、横山もまた、子どもらの「おそろしい」という反応に関心を寄せている。天沢退二郎も「怖さ」という読みを強調している。

うちの妹が小学校四年生かなんかのときにクラスで先生が読んで聴かせたってわけね。〔『注文の多い料理店』

のこと—丹藤注〕そのときクラス中しんとなって、まあその先生はほかにもいろいろ本を読んで聴かせる先生だったらしいんだけども、そのときの教室の反応が、けた違いに違ってたわけね。それはおとながこの童話を解釈すれば、都会の放恣なる階級への諷刺とか、そういうことはたしかにつよいものを持ってるけども、それよりも何よりもと、ぼくはやっぱり言いたいわけね。鮮かにディテールが有機的に絡み合いながらつくりだす、この作中世界の怖さというようなものをね。〔中略〕紙くずのようになった顔が、東京へ帰っておふろにはいっても直らないっていう、これはね、もうこんなことはありえようもない、凄《すご》いことなのね。(32)

くり返しになるが、見ることは同時に見られることであり、しかも、うしろから見られているということは、見る側と見られる側のあいだではなく、〈見る—見られる〉という関係の〈外部〉の存在を想定せざるを得ない。しかも、背後から見られているのである。「クラス中しんとな」るのは、この背後から見られるという「この作中世界の怖さ」に由来するのではないか。

「紳士」たちは目の前の対象を見ながら背後からも見られている。つまり、見る対象は分裂しているのである。言われるように、作品集『注文の多い料理店』の九編の作品には、いずれも二つの異なる世界がある。『注文の多い料理店』では「2」という数字を当てはめることができる。「紳士」も二人、犬も二匹、山猫の子分も二匹、かぎ穴も二つ。それら「2」という数字は、分裂という事態を象徴的に表現している。「紳士」も「山猫」の子分も一人あるいは一匹でもかまわないのだが、複数として出現する。しかし、「山猫」だけは一匹である。それら複数の〈外部〉にある。第三の存在なのである。第三の存在は、眼には見えないが、「紳士」たちの背後にいて、彼らの欲望によって次なる「注文」を繰り出す。このテクストの語り手は、「山猫軒」に入っているあいだは、「紳士」たちに寄り添うようにして語っている。その場に立ち会っていると言ってもよい。『狼森と笊森、盗森』のように「黒坂森のまん中のまつくろな巨きな巌」から聴いたとか、『鹿踊りのはじまり』のように「すきとほつた秋の風から聞いたのです」とは言っていない。つまり、『注文の多い料理店』においては、語り手は誰かから聞いたのでなく、自分でその場に立ち会っているとみて差し支えないだろう。というより、ここでは語り手もまた見られていることを意識している。この語り方は、読者に臨場感を持たせるように作用すると同時に、語り手にとっても「怖ろしい」出来事であることを仄《ほの》めかしているのではないか。七つめの扉は、「紳士」たちによって開けられることはなかった。しかし、この扉は「大きなかぎ穴が二つ」ついていて、封印されていることを暗示している。この扉の向こうこそ、「紳士」たちが食べられる、なにか「途方もない」「怖い」世界があることを予感させる。「紙くづ」のような皺《しわ》は「紳士」たちが途方もなく怖ろしい七番目の扉を垣間見たことを暗示している。読者の顔に皺はないが、眼には見えない背後から第三の視線を感じること、そのことで「怖ろしい」という感覚を持つようこのテクストは仕組まれている。それは、「なんのことだか、わけのわからないところもあるでせうが、そんなところは、わたくしにもまた、わけがわからないのです。[33]」と「序」で述べるように、語り手にとっても「わけがわからない」がゆえに、「怖ろしい」ものなのではあるまいか。

「紳士」たちの発話は「山猫」を呼び寄せた。彼らは、「山猫」という第三の視線を背後から受け、振り返ることになる。彼らの「注文」に対する解釈が「山猫軒」の奥へと自分たちを進めることとなる。（「山猫軒」はけっして奥行きのあるものではないが）「紳士」たちの発話や解釈という言語行為が、「山猫」という第三の視線を招くことになる。それは、彼らに恐怖を感ぜしめ「紙くづ」のような顔にするのだから、第三の力とでも言うべきものである。私たちも、「紳士」ほど欲深くないかもしれないが、我欲と無縁なわけではない。というより、存在それ自体が欲を免れない。それゆえ、小学生が「紳士」たちに同情的なのも、一概に否定できるものではないだろう。私たちもまた発話や解釈といった言語行為によって、「わけがわからない」うちに、第三の力に突き動かされているのかもしれない。いや、文学を読むとは、〈語る―語られる〉の外部にあり、背後から迫り来る、「おそろしい」力に立ち会うことなのかもしれない。

【付記】本論における『注文の多い料理店』の引用は、『【新】校本宮澤賢治全集　第十二巻　本文篇』（筑摩書房、一九九五年）によった。
傍線は、丹藤による。

注

（1）府川源一郎「教材としての面白さの源泉を探る」（田中実・須貝千里編『文学の力×教材の力　小学校編5年　教育出版、二〇〇一年）参照。
（2）例えば、『別冊国文学　宮沢賢治必携』（學燈社、一九八〇年五月）など。
（3）丹藤博文「教材としての『注文の多い料理店』」（『月刊国語教育研究』日本国語教育学会、一九九四年三月）、「文学教育の転回のために――『注文の多い料理店』の場合――」（『月刊国語教育』東京法令出版、二〇〇七年四月）。
（4）『【新】校本宮澤賢治全集　第十二巻　校異編』筑摩書房、一九九五年、一一～一二頁。
（5）（2）に同じ、一二八頁。
（6）田近洵一「童話『注文の多い料理店』を読む――自己幻想としての七つの扉――」（『宮澤賢治　10』洋々社、一九九〇年一一月、三〇頁）。ただし、田近は「自然へのおそれ」として〈自然対紳士〉といった図式を温存している。

（7）五十井美知子「『注文の多い料理店』（宮澤賢治）――想像力を育て自己認識を深める指導――」（日本文学協会国語教育部会編『講座　現代の文学教育　第3巻　小学校高学年編』新光閣書店、一九八四年、七四頁）

（8）（7）に同じ、七八頁。

（9）宮川健郎『国語教育と現代児童文学のあいだ』日本書籍、一九九三年、二〇八～二〇九頁。

（10）牛山恵「子どもが読む『注文の多い料理店』――文学の読み手としての子どもは、作品を成長の糧とする――」（『日本文学』日本文学協会、二〇一〇年一月、四九頁）

（11）（10）に同じ、五二頁。

（12）（7）に同じ、七六頁。

（13）（1）に同じ、一一四頁。

（14）（9）に同じ、二一二頁。

（15）東京書籍『新しい国語　五下』（二〇一一年度版）の「てびき」に次のようにある。「この物語は、登場人物である二人のしんしが、『現実の世界』から『ふしぎな世界』に行き、再び『現実の世界』にもどるという流れになっています。四つの部分のうち、どの部分が『ふしぎな世界』に当たるか確かめましょう。」

（16）小森陽一『最新　宮沢賢治講義』朝日選書、一九九六年、二二七頁。

（17）恩田逸夫『新装版　宮沢賢治論3』東京書籍、一九九一年、七一頁。

（18）須貝千里「その時ふとうしろを見ますと……　――『注文の多い料理店』問題――」（『日本文学』日本文学協会、一九九八年八月、一七頁）

（19）（18）に同じ、二〇頁。

（20）（18）に同じ、二一頁。

（21）（18）に同じ、二二頁。

(22) 須貝は「あなたは山猫軒に行ったことがありますか」(『文学の力×教材の力　小学校編5年』教育出版、二〇〇一年、二四七頁)で次のように問いを出している。

さて最後に、この小文の読者にこう問いかけよう。

「あなたは『山猫軒』に行ったことがありますか」

須貝論で言うなら、答えは、「イエス」でもあり「ノー」でもある。なぜなら、行ったもなにも「山猫軒」は私たちの内にあるからである。「紳士」たちの欲望の生み出したもの、それが「山猫軒」であり、私たちも「紳士」たちほどではないにせよ、欲望から免れ得るわけではないからだ。

(23) 山元隆春「鏡のような物語／『紙くづのやうになつた』顔の語り手――宮澤賢治『注文の多い料理店』論――」(田中実・須貝千里編『文学が教育にできること――「読むこと」の秘鑰――』教育出版、二〇一二年、二一四頁)

(24) (10)に同じ、五四頁。

(25) 別役実『イーハトーボゆき軽便鉄道』白水社、二〇〇三年、二一一頁。

(26) (23)に同じ、二一九頁。

(27) 小森は、『最新　宮沢賢治講義』〈(16)に同じ、二二五頁〉の中で以下のように指摘している。

自分がいかに高価なものをもっているかによって、あたかも人間的な価値が決まるかのような発想を、二人の紳士がもっていることもあわせて暴き出されています。なぜなら、この価格差がついた後、安い値を言った紳士の方が、高い値を言った紳士に従わされていくことになるからです。

(28) (16)に同じ、二三六頁。

(29) 横山信幸「宮澤賢治『注文の多い料理店』論――教材研究から作品研究へ――」(『國語國文学報　第50集』愛知教育大学国語国文学研究室、一九九二年三月、九四頁)

(30) 『【新】校本宮澤賢治全集　第十五巻　本文篇』(筑摩書房、一九九五年、六九頁)

（31）横山信幸「わが心のうちなる『山ねこ』——宮澤賢治『注文の多い料理店』から『ポラーノの広場』へ——」（『日本文学』日本文学協会、二〇〇七年三月）

（32）「共同討議　宮澤賢治の童話世界　入沢康夫・林光・天沢退二郎」（『ユリイカ臨時増刊』青土社、一九七七年九月、九六頁）

（33）『【新】校本宮澤賢治全集　第十二巻　本文篇』（筑摩書房、一九九五年、七頁）

4 『高瀬舟』（森鷗外）

――読みの三角形――

1 教室の読者の読みから

私は最初この物語の登場人物の喜助に違和感を覚えた。むしろ私だけでなく、ほとんどの人がそう感じるのではないだろうか。なぜかというと、この物語の主題の一つである「欲」への感覚が一般人とは違うからだ。ふつうやっぱり人間の欲は足ることを知らない。一時はその時得たお金や幸せに満足しても、その幸せに慣れ、少し時間がたてば、慣れのせいか、そのお金や幸せでは満足しなくなる。さらなる富や幸せを求めるのが人間なのだと思う。また、その欲がなければ人間は向上しない。

ところが喜助はどうだろうか。彼は小説の文脈から読みとれる限りでは幸せそうである。希望に満ちている。その訳は足ることを知る欲だから、もう今の状態で充分だからだ。それは昔の方が高瀬舟に乗っている今より苦しく、貧困だからだと考えられる。が、ここで、小説のその後を考えると、ふつうの人間なら、まぁ、ありえないが、その高瀬舟に乗っているその瞬間は幸せだと仮定しても、その後はやっぱりさらなるお金や幸せを求め、欲が出てくるのがきっと普通である。しかし、こんなことは文章中には出てこないが、きっと小説のその場面の後、喜助はさらなる幸せなんて求めないような気がする。それが私の中で違和感を覚えるところなのだ。私は欲のある普通の人間だから喜助に通じるものをあまり感じられない。通じる、わかるところがあるとするなら、私もきっと妹（私には弟ではなく妹がいるから、ここでは妹に置き換える）が死にきれなくて苦しがってて、医者を呼んでも助からなそうな状態だったら、自殺を手伝ってしまうかもしれない。（そんな勇気があるとすれば）その辺りは同感できるのだが、やっぱ欲についてはそうではない。

でも、この小説は、喜助のような人間になれ！　と言っているのではないと思う。やっぱり人間には欲があるものだし、それがなければ向上できないし、大切なものでもある。しかし、喜助のような人間がいるのだと理解することが大切なのだ。これが直接役に立つわけじゃないけど、彼には求められる気がする。幸せなんて考え方しだいなのだと思う。「いくらつらくても、生きているだけ幸せなのだ」。きっと喜助ならどうしようもなく厳しい現状におかれたとき、こう言うだろう。この小説を読んで、人生変わった！　とか、生きる希望がわいてきた！　とか、そんなことは思わないが、なにか少し苦しい時に自分で切り抜けられるような気もする。なんだか、『高瀬舟』の感想というより、喜助の人格分析のようになってしまったが、（笑い）それだけ彼は印象深い。小説中の人物だけど、実際にいるかに思わせる作者の文章力と喜助の存在感には圧倒される。むしろ、違和感を覚えるからこんなに喜助を分析しようとするのだろうと思う。

〔平田清美・仮名、以下同様。ただし、文中の誤字等は訂正した。〕

二〇〇四年六月に都立高校において実践した森鷗外『高瀬舟』の生徒による感想文である。なぜ、平田の文章を引いたかと言えば、生徒に書いてもらった感想文を読んでいて、平田の感想のように「喜助」について書いたものの散見されたという点が意外であったからである。では、どうして「喜助」について書かれていることが「意外」であったかと言うと、その時点での私の読みはむしろ「庄兵衛」を問題としていたからだ。授業でもおそらく庄兵衛を主題化したはずなのである。私の経験によると大方の生徒は教師の読みに引きずられるものである。もちろん庄兵衛にかかわって感想文を書いた読者もいたし、「安楽死」や「知足」にこだわる読者もいた。それらは予想の範囲であった。しかし喜助に強く印象づけられている読者が少なからずいたことは予想外であった。平田の感想文はその端的な例としてふさわしいと考えた。理由は、当初私にもわからなかった。このことを説明するのには、『高瀬舟』を教室に持ち込もうとしたその意図から語り起こさなければならない。

周知のごとく、二〇〇四（平成一六）年三月の卒業式において東京都教育庁は、教職員を所定の席に座らせ、校長による「職務命令」によって「国旗」に一礼し「国歌」を斉唱することを義務づけようとした。権力による「国旗」「国歌」の強制にほかならない。一九九九（平成一一）年当時、所謂《いわゆる》「国旗・国歌」法の成立に際してなされた、教育現場になんら「強制」するものでないという政府高官による国会答弁は、一顧だにされることはなかった。「職務命令」に「違反」すれば処分を受けることとなる。私も、職員会議で反対の意見を述べた。「思想・信条の自由」を犯されるばかりでなく、教員としてのアイデンティティーにもかかわる重大な問題であると考えたからである。しかし、管理職の頑なな態度を変えることはできなかった。都立高校では、都教委から派遣された指導主事らの監視のもとに、そのような異常な卒業式がむしろ粛々と行われたのである。

そんな時、私は『高瀬舟』の教材論を書いていた。[1] そして、登場人物「羽田庄兵衛」と自分とを同一視した。権力の末端に位置し、妻や子どもを抱えて経済的にはゆとりのない生活を強いられ、権威に対して疑問を抱きながらも結局何もできない。「オオトリテエ」に従うほかないと嘆息する庄兵衛と自分が、同じであると思わずにはいられなかったのである。そこで、教室で生徒とともに『高瀬舟』を読みたいと思った。平田の言うように、生きる希望を持ったとか癒やされたとかいうものではないにしろ、我が身のアイデンティティーに疑問を持ち、喜助の前でたじろぐ庄兵衛を生徒たちはどのようにとらえるのかを知りたいと考えたのである。二学年の現代文である。しかし、生徒たちの中には、一年生の時他の教員によって『高瀬舟』をすでに学習している者もいて、また期末考査を前に試験範囲を進んでおかなければならないという実際上の都合もあり、十全に授業を展開するというわけにはいかなかった。読んだことのない生徒のために本文を読み、解説した後、私の読みを述べるという合計にしても三時間のあっさりとしたものにならざるを得なかった。[2]その時点での私の読みは、権力の誤謬《ごびゅう》や欺瞞《ぎまん》に気づきつつも反抗や抵抗することの困難さである。庄兵衛は舟の揺らぎの中で、自己のアイデンティティーに疑問を抱くものの、権力の前では如何《いかん》ともしがたい自分を発見せざるを得ない。私の読みを述べた後、生徒たちには一般的な感想文でもよいが、できれば丹藤の読みに対する賛成・反対の立場に立って、その根拠を作品中に求めながら自説を展開するよう求めた。

　しかし、私の予想に反して、生徒たちの感想文は庄兵衛ではなく喜助に強く印象づけられていた。いくつか抜粋して示そう。「喜助は弟を殺したとき、いったいどのような気持ちだったのだろう。これがこの『高瀬舟』を読んで、一番知りたくなったことです。」（丸山真衣）、「私は喜助のことをほんの少しうらやましく思った。」（市川恵里奈）、「私も喜助のような心のきれいな人になりたいと思いました。」（小田沙織）、「『高瀬舟』を読んで、私は喜助はすごい人だと思いました。」（吉田真希）、「もし私が喜助の立場だったら、やはり弟を楽にしてあげたでしょう。でも、喜助のように島流しにされる島での生活に希望を持つことはできないし、欲を持たないということもできないと思います。そこが喜助のすごいところです。」（池田順子）と喜助に関心を抱いているばかりでなく、「すごい」「うらやましい」と賛辞を惜しまないのである。先に引用した平田の感想文も喜助のことで占められており、庄兵衛のことには一言も触れられていない。では、生徒たちは、喜助のどのような点に印象づけられているのか。第一に、「兄弟にしかわからない絆がある。」（星野辰哉）、「私が喜助の話を読んで感心したのは、喜助と弟の固い絆である。お互いが相手の気持ちを一番に考え、よく理解している。素晴らしい兄弟愛。」（原田知里）などにある、兄弟の深い絆・愛情である。次に、平田や池田の文章にもあるように、喜助が現実的な欲望を超越しているという点である。もし自分が喜助と同じ状況に置かれた場合、実際にできるかどうかは別にしても、自分の弟の死に手を貸すということはあり得るかもしれない。しかし、喜助のように無欲に生きられるかとなると、それはとうていできない。それゆえ、喜助は「すごい」という感想が披瀝《ひれき》されるのである。

この生徒の読みに私は、ある意味で驚いた。授業では庄兵衛を問題としたのに対して、感想文では喜助に注目しているものが多かった。ということは、私の読み方そのものを考え直さなければならないと思わざるを得なかった。それでは、私の読みの問題点とは何かを考えた。庄兵衛にあまりに感情移入しすぎていたということがまずあげられる。しかし、それにもまして肝要なことは、視点人物庄兵衛と「オオトリテエ」を語る語りのありようからしか読んでいなかったのである。庄兵衛自身、喜助を「毫光がさすやうに思つた」としながら、生徒同様「どうも喜助のやうな心持にはなられさうにない」とし、「この根底はもつと深い処にあるやうだ」と思うのであった。つまり、庄兵衛は自らの経験や人生観をもってしても喜助のことはとらえきれない、理解不能だとしているのである。とすれば、視点人物庄兵衛を超えて、庄兵衛の思いも及ばない「深い処」を読むことが『高瀬舟』の読みにおいて必須になるのではないか。そのためには喜助をこそ読まねばならない。テクストの構造に従って読むばかりでなく、テクストを構造化していくことが求められるものと考えた。

2 テクストの構造化

テクストを構造化していくといった時、『高瀬舟』の場合、三好行雄まで立ち返らねばならない(3)。というのも、三好は『高瀬舟』の語りを「作者に属する言述（A）」「庄兵衛に属する言述（B）」「喜助がみずからの行動と心理を明かすための、直接話法による語りという新しいレベルの言述（C）」というように三つに分け、語りを重層的なものととらえているからである。三好の語りの重層化は、「庄兵衛を介してのみ、ときに鷗外の認識が現れる」といった指摘からも窺《うかが》い知れるように、作者を実体化している点は否めないものの、「言述（B）」と「言述（C）」はそれぞれ相対化されるという視点を提起している。語りの関係性のうえに『高瀬舟』の読みは拓かれていくことを示唆していよう(4)。

では、語りの関係を具体的に見て行くことにしたい。三好の言述（A）・（B）・（C）をそれぞれ頂点とした三角形を想定する。すると、この小説は、言われるように庄兵衛を視点人物として喜助を見るというように展開していく（B→C）。庄兵衛は罪人であり島流しの憂き目にあうはずの男が「其額は晴やかで、目には微かなかがやきがあ」り、「遊山船にでも乗つたやうな顔をしてゐる」のを目にして、「不思議」に思い「わからなくなる」のであった。そして、庄兵衛は喜助とほとんど「差」がないのにもかかわらず、喜助は満足を覚えているという点で二人の間には大きな「懸隔」があると思うにいたる。そして、「喜助のやうな心持にはなられさうにない」と思いなし、喜助の頭から「毫光がさすやうに」思って、不意に「喜助さん」と呼んでしまう。先に述べたように、この点は、生徒も庄兵衛と同感なのである。さらに、庄兵衛は、喜助の弟殺しとはどのようなものであるのか、その顚末を聞こうとする。そして、喜助の直接話法による語り（C）が庄兵衛に向けられる。それを聞いた庄兵衛は「これが果して弟殺しと云ふものだらうか、人殺しと云ふものだらうかと云う疑《うたがひ》」が生じてきて、「どうしても解けぬ」ものとなる。つまり、庄兵衛は喜助を殺人犯だとは思っていないということだ。ここに、役人としての庄兵衛のアイデンティティーのゆらぎを見て取ることもできよう。しかし、ここで看過してならないのは、権力の末端に位置する、ごく一般的な生活者庄兵衛には、喜助という人物はまったく理解を超えた超越的な存在であるということである。普通は嫌がる島流しを京よりましだとして喜び、二百文の鳥目をありがたがり、弟を殺してなお晴れやかな表情をする喜助は、庄兵衛にとっても生徒にとっても理解の及ばない人物として語られている。そのような庄兵衛に語り手は「オオトリテエ」というフランス語を用いて（A→B）、「自分より上のものの判断に任す外ない」という結論にいたらせる。ただし、「腑に落ちぬものが残つてゐる」という留保をつけて。さらに、喜助のありようはお奉行様の裁定という権力を機能不全に陥らせているということにもなる。島流しは誰しも嫌がるからこそ、懲罰として機能するのであって、喜助のように歓迎されてはもはや懲罰としての意味をなさなくなるであろう。喜助はお奉行様の裁定に抵抗することなくその権威を無化しているのである。

次に、庄兵衛には、あるいは教室の読者にも理解できない、喜助とはいったい何者なのかを、語り手との関係から見ていくことにしよう。語り手は喜助をどのように語っているかということである（A→C）。それは次の個所である。すなわち、弟殺しの詳細を語り終えた喜助について、「喜助の話は好く条理が立つてゐる。殆ど条理が立ち過ぎてゐると云つても好い位である。これは半年程の間、当時の事を幾度も思ひ浮べて見たのと、役場で問はれ、町奉行所で調べられる其度毎に、注意に注意を加へて浚《さら》つて見させられたのとのためである」と語り手が注釈を加える個所である。このことについては、竹内常一も着目している。(5) 竹内は「庄兵衛の視点から照らし出されるのは喜助の外面であって、内面ではない。そのために、ここに喜助とは何者かという問いが発生してくる」として、上記の文を引用した後で次のように結論づける。「つまり、喜助の語りは、喜助と奉行を共著者とする調書なのだ。だから、その語りからストレートに『喜助とは何者か』を明らかにすることができないのだ」。竹内は、奉行との合作ゆえ喜助を知ることはできないとするが、竹内はこの（A）から（C）の語りのみを前景化するばかりでなく実体化してとらえているように私には思われる。喜助（C）が何者かは、（A）や（B）との関係性のうえに垣間見られるのではないか。ここでは、（A）から（C）の語りは、（C）から（B）へと向けられるように機能していることに留意しなければならない。つまり、竹内の言うように、喜助の語りが「奉行を共著者とする調書」だとすれば、庄兵衛はお奉行様がいわば権力によって仕立てた作文によって、まさにお奉行様の判断に「疑」を持つという構図になる。しかし、ここで留意しなければならないことは、そのように仕組んでいるのは語り手であるということである。このことは、語り手が喜助を経由して庄兵衛を間接的に批判しているということになる。庄兵衛は喜助を見れば見るほど、喜助の話を聞けば聞くほどアイデンティティーの動揺を覚え、自己倒壊の縁《ふち》に立たされる。そのように語り手は喜助と庄兵衛を語る。それでは、いよいよ喜助とはどんな人間なのか。権力の末端に位置し、世俗にまみれ、飽くなき欲望を抱く庄兵衛（あるいは私と言ってもいい）には、とうてい理解できない境地（「深い処」）とは、どのようなものなのか。庄兵衛にはわからない。語り手も先に引用した以外では、直接話法によってしか喜助を語らない。喜助の、お奉行様によって島流しを言い渡されたのに「其額は晴やかで、目には微かなかがやきがある」点も不可思議だが、弟を死にいたらしめても「いかにも楽しさう」な点も妙である。このテクストの謎である。しかし、庄兵衛にとっては「不思議」であっても、読者にはそれが何なのかは見える仕組みになっている。先にも触れたように喜助はお奉行様の権威の及ばない超越性を備えた人物として語られているからである。それでは、その超越性とはどこから来ているのか。テクスト内において、喜助のアイデンティティーは弟との関係において知ることができる。喜助を読むには、弟の存在が不可欠である。『高瀬舟』を「兄弟愛の物語」としたのは田中実であった。(6) 田中は、喜助が「分身としての弟を自分の手で殺す」ことによって、「新たな精神」を手に入れ「弟とともにある超現実の生を生きることになった」とする。「〈精神の故郷〉の極限のかたち――弟は兄のために死に、兄はその弟とともに生きる――その精神の超越的な優位を示し、それを表現することによって、遙かな彼方の夢を謳《うた》ったのである」という読みを提示している。「深い処」とは、田中の言葉を借りれば、「精神の超越的な優位」であるのかもしれない。喜助の精神性は弟との関係によって明確なものとなろう。

庄兵衛にとっても、生徒にとっても、「不思議」で理解不能な存在、それが喜助なのであろう。われわれの居る場所からは超然としているのが喜助なのだ。生徒たちは、喜助の足ることを知るという境地自体に疑念を抱いていた。しかし、弟の死によって与えられた生を生きる喜助にとっては、生への執着からも超然とし得ているとすれば、島だろうがどこだろうが生きていけるのであろう。庄兵衛や私に、喜助のような人間になれと言われても、それは無理な話である。しかし、この作品は、理解もまねもできないけれど、現実的・合理的・実利的・近代的なものからは隔絶した、生徒の言い方でいうと「うらやましい」「すごい」「心のきれいな」人間や境地が確かにあるであろうことをわれわれに確信させる。平田が言うように「喜助のような人間がいるのだと理解することが大切なのだ」と私も思う。その超越性ゆえに喜助はわれわれの前に他者として立ち現れるのである。

喜助の超越性は、ほかならぬ「毫光《ごうこう》」に見て取ることができる。管見の限りでは、鷗外の作品の中で「毫光」の語が用いられているのは、この『高瀬舟』と『毫光　レンジェル』『山椒大夫』の三作である。『高瀬舟』では、「此時庄兵衛は空を仰いでゐる喜助の頭から毫光がさすやうに思つた」とある。『山椒大夫』では、「安寿《あんじゅ》」が「厨子王《ずしおう》」を逃がす場面に「毫光」が出てくる。

安寿はけさも毫光のさすやうな喜《よろこび》を額に湛《たた》えて、大きい目を赫《かがや》かしてゐる。(7)

そして、「わたしの事は構はないで、お前一人でする事を、わたしと一しよにする積《つもり》でしておくれ。」という安寿の台詞《せりふ》は『高瀬舟』の喜助と弟にも通じるだろう。そうでなければ、弟を殺しておきながら「遊山船にでも乗つたやうな顔」ができるわけはない。喜助の超越性は「毫光」の語を語り手が用いていることからも明らかである。それゆえ、喜助という存在は近現代に生きるわれわれを批判し得るのである。語り手は喜助のことはあまり語らない。しかし、庄兵衛を語れば語るほど喜助はくっきりと読者に見える仕組みになっている。そして、喜助が存在感を示せば示すほど、庄兵衛とその背後にいるお奉行様、ひいては「オオトリテエ」への批判の矛先が向くことになるのだろう。

3　他者の領分へ

ここ数年、話題になったり私自身感じたりもしていることは、「わがまま」で「自己中心的」な生徒が増えているということである。それは、なにより日常的なコミュニケーションにおいて顕著なことである。授業における指示や相談事でもかみ合わないことがしばしばであり、よく聞いてみるとこちらの意図が伝わっていなかったり誤解が生じたりしているケースが少なくない。それは単にディスコミュニケーションというよりは、相手の言うことをよく聞かずに自己流に理解している場合が多いのである。しかも自己化してとらえるありようになんらの疑問も持っていない。それどころか、自己の責任というよりは相手のせいにしてしまうのである。今の学生は、「新学力観」、「個性化」という言葉が登場して以降の世代である。「指導」ではなく「支援」なのであり、「教える」のではなく「学び」なのだと言われてきているのだ。生徒の自己中心的傾向はそのような教育界の動向とおそらく無縁ではありえないだろう。

しかし、自己中心的あるいは個性絶対化の傾向は、なにも教育的施策に負うとばかりも言えないようだ。片桐雅隆は『自己と「語り」の社会学』(8)において、かつての武者小路実篤・亀井勝一郎・三木清らによる人生論においては、「『本当の自分』は他者とのつながりの中にこそ求められるべきとした」のに対して、最近の人生論では「『本当の自分』が『自己の内部』や『ありのままの自分』の中にこそ発見できるとする言説で特徴づけられる」としている。国家や社会といった普遍的価値(「大文字の他者」)はもはや不在であり、自己や自己の欲求そのものに自己を語る枠組みがあるとする。「私化する自己」、「肥大化」する「自己」は、そのまま「他者の縮小」へと繋《つな》がることは自明であるとする。それでは、肥大化した自己は確立し充実したのかというと、かならずしもそうではないようだ。むしろ「空虚」さを抱え込むようになったとされる。(9)それゆえ、片桐も言及するように、最近では反動として「強い他者を求める風潮」が顕著であることにも留意しなければならない。「大文字の他者」にコミットメントすることで自己を確立することも、他者を縮小し「私」を肥大化させることも、双方とも退けなければいけない。

自己の肥大化と他者の縮小という時代の傾向のなかで、子どもらはいやおうなく高度情報化社会・メディア社会に生きなければならない。ネット上のトラブルにより小学生が同級生を殺傷するという事件も起きている。子どもらを取り巻くメディアが子どもらの「自己の肥大化」を助長することに一役買っているのではないかと危惧している。特殊な児童の例外的なケースとするのはけっして妥当な判断とは言えないだろう。情報化社会・メディア社会は情報量の拡大や飛躍的な利便性をわれわれにもたらす一方で、そこには光と影があることも忘れるわけにはいかない。ネットで知り合った見ず知らずの若者同士が集団自殺をしたという報道もあった。「なぜ人を殺してはいけないか」といったことが話題になることがある。しかし、「なぜ生きなければならないか」がわからない若者に「人を殺してはいけない」と説いても無駄なのではないか。「情報」はもちろん生きるためにあるはずのものだが、死ぬための道具となっていることの現実から目をそらすわけにはいかない。「肥大化」しつつも「空虚」な自己の時代に、どのように他者をあらしめるかは、教育のみならず社会にとっても火急の課題であろう。

私は二〇〇〇（平成一二）年の日本文学協会大会のテーマである「情報化時代の教育と文学」にかかわって次のように述べたことがある。

私は、情報教育それ自体が不用だと言いたいのではない。そうではなくて、情報教育は、その処理や操作のための技術的な教育でよいというものではなく、情報として伝達される言説そのものを相対化し批評する行為がかなり重要なものとなってくると考えるのである。情報が何を意図し、われわれにどのような行為を遂行するよう仕向けようとしているのか、情報のパフォーマティヴな側面を見抜く力をつけることが求められる。〔中略〕そのような言説のありようを問い糾すという自己言及的・自己反省的な力は、もともと文学といわれるテクストに備わったものである。その意味で、高度情報化時代の到来は、文学教育の退場ではなくて、むしろ新たなる展開の始まりを告げるものでなければならない。(10)

私の認識は、この文章からそれほど進歩していない。ただし、教科書を含めてメディアの言説を相対化する文学テクストのアクチュアリティーは、その読みの深さにおいて可能になるものと考えるようになった。

文学のテクストが潜在的に持っている批評の力をあらしめるためには、テクストの深層へと掘り進む作業がぜひとも必要なのではあるまいか。ただし、そのためには条件がある。ここで詳述するわけにはいかないが、かねて主張してきたように、解釈学的・ロマン主義的図式から脱却し、用具主義的言語観からの言語観の転換を果たして、テクストのメタレベルを問題にすることが不可欠である。高度情報化時代・メディア時代と言われれば言われるほど、〈読み方〉が問題なのだ。文学というメディアを読むとはそのような方法の場なのだと思う。語り手と登場人物、言説と言説との関係性をダイナミックにとらえることで、テクストを奥行きのあるものとして構造化して行く。文学の授業は、内容的な価値に感動を深めるばかりでなく、そのような読みの方法を問題化する場であるべきだと考える。

『高瀬舟』の場合、視点人物庄兵衛の立場に立ち、庄兵衛ともども他者として屹立《きつりつ》する喜助の前で逡巡《しゅんじゅん》し葛藤を起こしアイデンティティーの動揺を経験するだけでは読んだことにはならないのだった。われわれ近現代人にとって他者である喜助の領分に分け入るものでなければならない。権力からも金銭からも、そして生死からも超然とした喜助をとらえようとすること自体が大事なのである。権力に抗《あらが》うというより、むしろ無化する生き方に徹することができるのか。そのように語り手は問うている。そのことを、生徒の感想文に教えられたように思う。『高瀬舟』なら『高瀬舟』の〈読み方〉を追究すべきなのである。そのことで、ようやく「深い処」への入口に立つことができる。他者としての喜助に出会えるのだと考える。他者への想像力をはたらかせ、他者の領分に分け入って、他者性の衝撃に身を委ねることは、メディア時代においてこそ、よりいっそう肝要になるものと考える。

【付記】本論における『高瀬舟』の引用は、『鷗外全集　第十六巻』（岩波書店、一九七三年）によった。ただし、旧字は改めた。

傍線は、丹藤による。

注

（1）丹藤博文「教材としての『高瀬舟』」（『日本語学　特集　漱石・鷗外を学校で読む』明治書院、二〇〇四年七月）

（2）『高瀬舟』の授業については、丹藤博文「読みの地平を拓く――『高瀬舟』の構造化――」（『月刊国語教育』東京法令出版、二〇〇四年一〇月）参照。

（3）三好行雄「高瀬舟」（『別冊国文学　森鷗外必携』學燈社、一九八九年一〇月）

（4）従来指摘されたような、例えば高校教科書の指導書に見られるごとき、『高瀬舟』の主題を「知足」「安楽死」とする評言は無効となる。「知足」と「安楽死」といった主題あるいはその分裂といったことは、喜助を見る庄兵衛のうちに起こった出来事でしかないからである。

（5）竹内常一「消される語り、聞きとられない語り」（『日本文学』日本文学協会、二〇〇四年八月）

（6）田中実「『高瀬舟』私考」（『日本文学』日本文学協会、一九七九年四月）

（7）『鷗外全集　第十五巻』（岩波書店、一九七三年）

（8）片桐雅隆『自己と「語り」の社会学』世界思想社、二〇〇〇年。

（9）影山任佐『「空虚な自己」の時代』ＮＨＫブックス、一九九九年。

（10）丹藤博文「高度情報化時代における文学教育の役割」（『日本文学』日本文学協会、二〇〇〇年九月）

Ⅱ　読みの再転回

1 『言葉の力』（池田晶子）

――語りえぬものについては、沈黙してはならない。――

1 『言葉の力』の力

中学三年の教材『言葉の力』は、『14歳からの哲学』などの著者として知られる池田晶子が、二〇〇六（平成一八）年度版『伝え合う言葉　中学国語3』（教育出版）に書き下ろしたものである。池田自身は二〇〇七年に亡くなったが、没後刊行された『死とは何か　さて死んだのは誰なのか』（毎日新聞社、二〇〇九年）に収められている。教科書教材として書き下ろされた作品が一般書に採録されるのはきわめて稀《まれ》なケースと言ってよい。

結論を先に述べるなら、率直に言って、この教材に向き合うことが、これからの国語教育の課題であると言っても過言ではないと思う。小学校から高校まで、所謂《いわゆる》「言語教材」と呼ばれるものは数え切れないが、それらはすべてソシュールやウィトゲンシュタイン以降の言語論的転回や記号論の説明や解説にとどまるのに対して、池田は自らの文章において言語論的転回を実践している点で他の言語教材とは一線を画しているからである。また、国語科百年の言語観は言語実体論であり、非実体論へと転換を促すことが、現在の国語教育において第一義的に重要であると考えるからである。さらに、刮目《かつもく》すべきは、言語論的転回にとどまらず、その再転換を志向している点である。そのことは、とりもなおさず、中学生を含めたポストモダンに生きる私たちの、認識や〈生〉の意味にかかわる問いが言語の問題と不可分なことをあらためて教えてくれる。以下、池田の言う「言葉の力」について私見を述べたい。

2 「言葉が人間によって話しているのだ」

文章全体は三つの段落に分けることができる。第一段落から第三段落のなかで、生徒が戸惑うとしたら、次の二つの記述があげられるだろう。

言葉の意味は、私たちが生まれるよりも前から、人間が生まれるよりも前から、そして、実は、地球や宇宙が生まれるよりも前から、どういうわけだか存在しているということを言ったものだ。［第一段落］（これを①とする）

人間が言葉を話しているのではない。言葉が人間によって話しているのだ。［第二段落］（これを②とする）

②は、言語論的転回のことを言ったものであり、むしろソシュール言語学以降のさまざまなエピステーメ（知識・学問）ではすでに常識と言えよう。それに対して①は言語論的転回のさらなる転回のことを述べている。①を理解するためには、②が前提とされなければならない。②について簡単に触れておこう。

ソシュール言語学を嚆矢《こうし》とする構造主義が「革命」の名を冠されたのは、あるいは「二〇世紀は言語の世紀」であり言語論的転回が起こったとされるのは、それまでの言語観に変更が求められたからである。それまでの言語観は、世界（のモノ・コト）があって言語があるのであって、言語はあくまで伝達のための道具であり、大事なのは伝えるべき思想であり意味であり内容であるというものである。道具としての言語は実体化されることにも留意しなければならない。しかし、ソシュールは、この道具や実体としての言語観を「言語名称目録観」として批判した。言葉は指示対象と一対一の対応関係にあるのではなく、言葉はそれ自体として体系をなしており、シニフィアン（記号表現）とシニフィエ（記号内容）によってコインの表裏のように構成されている。「イヌ」という言葉が毛むくじゃらでワンワンと吠《ほ》える動物を指すことに何か根拠があるわけではなく、「イヌ」が「イヌ」であるのは、「ネコ」でもなければ「オオカミ」でもないからだとしか言いようがない。それでは言葉は何を指すのか。他の言葉である。言葉は互いに差異化することでしか意味をなさない。「虹」を日本では七色とするが、英国では六色であり、ネイティヴ・アメリカンは三色と見る。もし「虹」という普遍的な現象があって、それに名前をつけるというなら、どの文化においても同じ数の色でなければならない。しかし、実際には、モノやコトがあって名前をつけているというのではなく、日本にあってははじめから七色として見させられているという方が正鵠《せいこく》を射ていると言うべきである。つまり、それぞれの文化の中で言葉によって世界は分節化され構造化されているということである。世界は言語化されており、言語を通してしかわれわれは世界を認識することはできない。また、主体と客体があって、主体は言葉によって意味を伝達するといったデカルト以来の図式はもはや破棄されねばならない。このような言語観に立った時、「人間が言葉を話しているのではない。言葉が人間によって話しているのだ。」という池田の言い方はむしろ当然のこととして響くことになろう。言葉が世界を創るのだとしたら、「言葉は、自分そのものなのだ。」「だからこそ、言葉は大事にしなければならないのだ。」という表現も説得力を持つことになる。

「言葉が人間によって話しているのだ。」といった知見は、なにもソシュールや池田ばかりではない。中島敦は『文字禍《もじか》』（「文学界」一九四二年二月）において、そのことを小説にしている。

古代スメリヤ人が馬といふ獣を知らなんだのも、彼等の間に馬といふ字が無かつたからぢや。此の文字の精霊の力程恐ろしいものは無い。君やわしらが、文字を使つて書きものをしとるなどと思つたら大間違ひ。わしらこそ彼等文字の精霊にこき使はれる下僕《しもべ》ぢや。(1)

バビロンの昔、図書館で文字たちの話し声の正体を突き止めるよう命じられたナブ・アヘ・エリバ博士は、「単なるバラバラの線に、一定の音と一定の意味とを有《も》たせるものは、何か？」という問いに取り憑《つ》かれてしまい、結果、「文字の霊の存在」を確信する。「若い歴史家」に「歴史とは、昔、在《あ》った事柄をいふのであらうか？　それとも、粘土板の文字をいふのであらうか？」と訊《き》かれ、「書かれなかつた事は、無かつたことぢや。」「歴史とはな、この粘土板のことぢや。」と答えるのである。文字は、直線や曲線といった物質的なものでしかない。それが意味をなすとしたら、「霊」の力だとナブ・アヘ・エリバ博士は考えざるを得なかった。つまり、線の集積が意味をなすことに根拠を見出すことは容易なことではないのである。しかし、根拠がないはずの文字は、モノやコトをあらしめ、「わしら」にさまざまな作用なり効果をもたらす。それゆえ、「此《こ》の文字の精霊の力程恐ろしいものは無い」ということになり、「わしら」が主体的に文字を操っているなどというのは幻想であって、「わしらこそ彼等文字の精霊にこき使はれる下僕ぢや。」ということになる。「言葉が人間によって話しているのだ。」という池田の指摘は、けっして奇異なものではなく、むしろそのような知見に立つことの方が必要なのである。

『言葉の力』に戻ろう。世界があって言葉があるのではなく、言葉が世界を創っているのだ。ということは、中学生も言葉によって世界を創ることができるということである。高校受験・部活動・学校行事、なかには友達関係や家庭に問題や悩みを抱えている場合もあるかもしれない。しかし、それはけっして所与の変更不能な「現実」というわけではない。言葉によって眼前にないものをあらしめる。あるいは見方を変えていく。このことを池田は「魔法」と比喩的に述べている。言葉によって世界ができている以上、あなたも言葉によって世界に関与し創造すればいいのよ……。そのような池田のささやきが聞こえてきそうである。

3　時代の〈倫理〉／〈倫理〉の時代

ソシュールの記号学にしろ、ウィトゲンシュタインの「言語ゲーム」にしろ、クワインの分析哲学にしろ、それまでの言語論と一線を画すのは、先にも触れたように、指示対象の扱いである。それまでの言語論は、例えばI・A・リチャーズの「意味の三角形」のように、「意味するもの」「意味されるもの」そして「指示対象」と三項で考えていた。しかし、ソシュールもウィトゲンシュタインも、言葉から指示対象性を払拭できるものではないが、指示対象と一対一の対応関係にないと結論づけた。「イヌ」といっても、目の前を通り過ぎる秋田犬のことなのか、ここにはいないシェパードのことなのか、はたまた警察のスパイのことなのか、「イヌ」という言葉だけでは意味を決定できない。よく考えてみると、言葉の意味は指示対象に還元されないということである。言葉が指示対象から切れたということの意味は計り知れない。その結果、言語論的転回以降どのようなことが起こったか。ここからは①に関わる問題となるが、二つ指摘しておきたい。

一つは、前節で述べたように世界は言語化され、われわれは言語の外に出ることはできないという認識である。文学研究はもちろん哲学も歴史も、あるいは科学においても、言葉・言説《ディスクール》・表象《リプレゼンテーション》に注目せざるを得なくなった。モダンにおいてはモノそのものが重要であった。が、ポストモダンでは、世界は言語化されている以上、言語や表象を対象とするほかはない。

いま一つの視点は、価値相対化の問題である。言葉は言葉として体系をなし、差異化によって意味が生じるとすれば、言葉とは相対的な価値しか持たないということになる。ポストモダンとは相対主義にほかならない。言葉が相対的な価値しか持たない以上、言葉をいくら駆使しても〈絶対〉にたどり着くことは不可能なのではないか。そう考える方が妥当であるかもしれない。それゆえ、ウィトゲンシュタインは「語りえぬものについては、沈黙せねばならない」〔傍点は丹藤〕と言った。しかし、その点、池田が「言葉は魔法の杖なのだ。」というのは、先に指摘した眼前に「ない」ものをあらしめるというだけでなく、相対的価値としての言葉から〈絶対〉をあらしめようとすることでもあった。それはまさしく「魔法」のごときことだ。価値相対主義では〈絶対〉は現前しない。そうかといって、超越的な〈絶対〉をア・プリオリに前提とするのでなく、言葉の魔法によって〈絶対〉を洞察しようとする果敢な試みなのである。われわれは神ではないことから〈絶対〉にたどり着くことは不可能である。そうかといって価値相対主義にとどまってもいられない。相対主義の地平から〈絶対〉を凝視するものでなければならない。池田の本文中、第一段落では「絶対」の語が二度登場する。①の文の「言葉の意味は、〔中略〕地球や宇宙が生まれるよりも前から、どういうわけだか存在している」とは、〈絶対〉のことを問題化している。

もちろん、手放しで〈絶対〉を受け入れるわけにはいかないという見方もあろう。〈絶対〉といえば、「宗教戦争」、「王政」、「帝国主義」といった人類を長きにわたって苦しめてきたものと無縁でなかったからだ。近代における全体主義を脱却するにあたって相対主義が標榜《ひょうぼう》されたのには、それなりの理由はある。ポストモダンへの潮流は必然であったと言ってよいだろう。それでは、なぜ、今日〈絶対〉を言わねばならないのか。価値相対主義のもとでは、価値があるかないかといったことは基本的に決定不能である。甲には価値があるが乙にはないというためには、根拠が必要となる。根拠を問うことは「倫理」を問題化するということであり、「倫理」は「生きること」と不可分である。「生きること」は「命」や「死」といった〈絶対〉の領域に踏み込むことになる。同じ〈絶対〉でも、「絶対王政」と「生」や「死」とでは問題の質が違うことは言うまでもない。ポストモダンは〈絶対〉をすべからく退けてきた。価値相対主義においては、つまるところ決定不能のまま放置されるほかはない。

このような現代において蔓延《まんえん》するポストモダン的風潮は社会にとっても中学生にとっても、どのような結果をもたらすのかについて考える必要があろう。中学生にも圧倒的な人気を誇る「AKB48」というグループ、というより集団がある。彼女らはほとんど区別がつかないくらい同じ顔・同じ衣装を着ていながら差異化されることによって存在している。少なくともそう見えるようプロデュースされている。つまり、相対的な価値しか持たないのである。その意味で、ポストモダンの申し子と言ってよい。しかし、価値相対主義ではどうにも太刀打ちできないことが、実は、すぐ身近にあるのだということを私たちは東日本大震災によって突きつけられたのではなかったか。友人や親兄弟は一瞬のうちにいなくなったのに、自分はなぜ生き残ったのだろう。今・ここに在るのが、家族ではなく自分であることの理由はあるのか。娘や孫を失ってまで生きていることに意味はあるのか……、といった根源的な問いに被災者のみならず多くの人々が向き合うことになったのではないか。相対的な死などというものがないように、絶対的な領域を洞察しなければならない時もある。ポストモダンにおいては、〈私〉も相対的価値しかもたない。〈絶対〉を問うことでしか、〈私〉も存在の〈絶対〉的なかけがえのなさに出会うことはできないだろう。ポスト・ポストモダンの地平に立つ必要があることの所以《ゆえん》である。〈絶対〉主義に戻るべきだと言いたいのでは毛頭ないし、〈絶対〉か〈相対〉か、といった二者択一でもない。そうではなくて、〈相対〉をふまえつつ〈絶対〉を洞察するといった、池田の言い方に倣《なら》えば「心の構え」が求められているということである。〈倫理〉を問題とし、〈絶対〉を洞察することをためらうべきではない。そう池田は中学生に語っている。

4 「目には見えないもの」

〈絶対〉的なものは、実体として目には見えるものではないだろう。「ない」ものをあらしめるのが言葉であり、目にはみえない〈絶対〉を「ない」ものとして「ある」と認識することは、私たちにとって必要なものではないだろうか。わけのわからないことを述べていると思われるかもしれない。ここで、『星の王子さま』の一部を引こう。「キツネ」と「王子さま」との会話の個所。

「それじゃ、さようなら」とキツネが答えました。「これから、ぼくの知っている秘密を教えてあげるよ。とても簡単なことさ。心で見なければ、よく見えてこない。大切なものは目には見えないんだ」(2)

また、「ぼく」と「王子さま」の会話に次のようにある。

「砂漠が美しいのは」と王子さまは言いました。「砂漠がどこかに井戸を隠し持っているからなんだ……」〔中略〕

「そうだね」とぼくは王子さまに答えました。「家だって、星空だって、砂漠だって美しいのは、目には見えないもののおかげだね」〔中略〕

「今、ぼくがここでこうして目にしているのは、ただの人間の殻なんだ。いちばん大切なものは目に見えないんだ……」[3]

この世界は「目には見えないもの」に支えられている。そして、それは「いちばん大切なもの」であり、「いちばん大切なもの」とは、「いちばん」である以上、〈絶対〉的なものではないだろうか。

言語の限界が世界の限界であり、言語は相対的な価値しか持たない。それゆえ、先にも述べたようにウィトゲンシュタインは「語りえぬものについては、沈黙しなければならない。」と言った。しかし、その点、池田は「語りえぬものについては、沈黙してはならない。」と言っている。私にはそう思われる。「語りえぬもの」＝「目には見えないもの」＝「絶対的なもの」は、むしろ「沈黙」ではなく、言葉を用い言葉を動かさなければならない。もちろん、〈絶対〉とは手が届くものではないだろう。しかし、価値相対主義を超え〈絶対〉を模索しようとする試み自体に、私たちの〈生〉のありようが懸かっているのではないか。「目には見えない」からといって、〈ない〉わけではない。そうだとすれば、見えないからと言って「沈黙してはならない」のであって、言葉によって〈絶対〉的な何か、すなわち言葉の〈外部〉に出ようとする、その動的な活動なり運動なりに参与しなければならない。言語によって言語の〈外部〉を洞察することは言葉によるほかはない。言語によって言語の〈外部〉に出ようとすること。その運動こそが、ポストモダンの生きる私たちの課題であり、池田の言う「言葉の力」なのである。

【付記】本論における『言葉の力』の引用は、『伝え合う言葉　中学国語3』（教育出版、二〇一二年度版）によった。
傍線は、丹藤による。

注
（1）『中島敦全集　1』筑摩書房、二〇〇一年、三六頁。
（2）サン・テグジュペリ『星の王子さま』稲垣直樹訳、平凡社ライブラリー、二〇〇六年、一二七頁。
（3）（2）に同じ、一三五〜一三七頁。

2 『少年の日の思い出』（ヘルマン・ヘッセ）

――語ること／語られること――

1 隠れた〈道徳主義〉

ヘルマン・ヘッセ作『クジャクヤママユ』は、一九一一年、ドイツの地方新聞に発表された。わが国において、『少年の日の思い出』として一九四七（昭和二二）年に国定教科書に初めて掲載されて以来、半世紀以上にわたって中学校用教科書に採録されていることは、ここに改めて指摘するまでもない。

それでは、所謂《いわゆる》「定番教材」と呼ばれている『少年の日の思い出』はどのように教室で読まれてきたのであろうか。教育における『少年の日の思い出』受容の最近の傾向を把握するために、次の三点の文献を参照した。

［文献A］ 浜本純逸・松崎正治編『作品別　文学教育実践史事典　第二集　中学校・高等学校編』（明治図書、一九八七年）

［文献B］ 全国国語教育実践研究会編『実践国語研究別冊　ヘルマン・ヘッセ「少年の日の思い出」の教材研究と全授業記録』（明治図書、一九八九年）

［文献C］　浜本純逸監修　田中宏幸・坂口京子共編『文学の授業づくりハンドブック　第4巻――授業実践史をふまえて――　中・高等学校編』（溪水社、二〇〇八年）

［文献A］で、『少年の日の思い出』を担当した菅原稔は、読みについて次のように述べている。

「人のものを盗むのは、どんなにちょうが好きでもよくない、と言った表層的な善悪の判断」を下すのではなく、むしろ、盗みの中に主人公「ぼく」の姿と心とを読み取り、「『悪』がもたらす人間の悲しみや苦しさを受けとめていける柔らかい心を育む」という点に関して、ほとんどの実践記録は共通している。［三八頁］

菅原は、「人のものを盗む」のはよくないといった「表層的な善悪の判断」、すなわち道徳的な読みを排して、「『悪』がもたらす人間の悲しみや苦しさ」といった心情を読ませることが『少年の日の思い出』に「共通」した傾向だとしている。

［文献C］では、三浦和尚が、浜本純逸と菅原稔の読みに言及した後で「その他、この作品についての論述を見ると、基本的には、『人間存在の本質』という側面と、『同世代としての共感』という側面を併せ持つ点で、高い評価を受けている」［二六頁］とまとめたうえで、四人の中学校教師の実践を紹介している。それら四人の授業に共通しているのは、「ぼく（僕）の心情」をとらえさせたうえで、「人間の生き方」あるいは「作品の主題」について考えさせるというものである。

これまでの『少年の日の思い出』の教材論は、かつて道徳の教材として使用されたことがあるように、「盗む」という「悪」を問題にすると、どうしても道徳主義的な読みの傾向を免れないことから、「ぼくの心情」をとらえ、「人間の生き方」ということを授業の核心に据えることで道徳主義を超えようとしていると見て差し支えないだろう。

実際の授業についても同様の傾向が見られる。［文献B］の「第七時」は「『僕』はなぜ、ちょうをつぶしてしまったのかを考え、『僕』の心情に迫ることができる。」を「ねらい」としている。この授業では、「僕の心情」をチョウをつぶすという行動から読み取ろうとしている。なぜ、「僕」はあれほど夢中になって集めたチョウをつぶしてしまったのか。生徒たちの反応は「エーミールのクジャクヤママユをつぶしてしまったのでそれをつぐないたいと思って」、「自分を自分で責めている」、「せめてエーミールと同じ気持ちを味わうことでつぐなおう」、「つらい気持ちでつぶしている」といったものである。そして「つぐないたい」という気持ちは「自分を罰する」ためというように読みは展開している。さらにチョウを盗んだという罪について自分で自分を罰することで、「少年時代の思い出」と「訣別《けつべつ》」し、「大人になろうと決意」する、といったように授業はまとめられる。

少なくともこの授業から窺《うかが》える中学生の読みは、「エーミールのクジャクヤママユをつぶしてしまったのでそれをつぐないたいと思っ」たが、「一度だめにしてしまったことは二度ともと通りにすることはできないのだと初めて悟った」ことから、自分を罰するために自分のコレクションを「つぶしてしまった」といったように、罪と罰という道徳の範囲を逸脱するものではない。そのような「二度ともと通りにすることはできない」ことから「つぐない」はできず、「ぼく」にとっては、せめて「反省」するか「チョウ」をつぶすという自己処罰に及ぶほかはないのである。しかし、授業で目指されているのは、「チョウ」をつぶすという行動は、自己処罰であると同時に、夢中になった「少年時代」との「訣別」であるとする二つの主題を読むことなのである。そのような「少年時代」とは「訣別」し、「大人」になっていくという典型的な成長物語に回収されている。

『少年の日の思い出』が道徳教材に転化することの危うさは先に述べた通りである。道徳教材としてあるわけではないことは多くの教室でも十分意識されてもいるのだろう。しかし、〈道徳〉を超えて〈文学〉に向かうはずが、実際には〈文学〉の名のもとに〈道徳〉が温存されており、隠れた〈道徳主義〉と言わざるを得ない状況がある。

かつて、文学教育は道徳主義とどう違うのかという問いが出された。そこで出された見解は、道徳が特定の価値観を一方的に教えるのに対して、文学教材は子どもが自律的に「文学的認識力」を養うものであるとされた。文学教育は、道徳とはあくまで一線を画すものでなければならない。『少年の日の思い出』にしても、「人のものを盗んではならない」、「悪事は償いのできないものである」といった徳目を教えたいのであれば、「道徳」の時間に扱えばいいのであって、「国語」の時間には不要であろう。いくら「一度犯した罪は償いようがない」という徳目や、「罪」→「反省」→「つぐない」→「処罰」といった一連の体制が、学校にとって好都合なものであったとしても、である。竹内常一は、『少年の日の思い出』における道徳主義を批判して次のように言う。

しかし、私は、それだけではこの作品の道徳教材化を批判できないと思います。この作品が戦後一貫して中学国語教材でありつづけてきたのは、日本の学校が「自己反省」「自己実現」を生徒に強要する「反省主義」を本質とし、いまもしているからです。この作品がそのような学校文脈の中に投げ込まれるとき、それは「狭い自我（エゴ）の囲いから自らを解き放ち、自己（セルフ）の真実に直面すること」へと生徒を導くのではなく、権力の意図を先取りする反省主義に生徒を陥れるものとなるのではないですか。[1]

竹内は、『少年の日の思い出』という文学教材が学校の「反省主義」を具体化する手段となっていると指摘している。しかも、その「反省主義」は、〈道徳〉ではなく〈文学〉として行われることに危惧の念を禁じ得ない。〈道徳〉を超えて〈文学〉として読むはずが、いつのまにか〈道徳〉を温存し隠蔽《いんぺい》しているという現状がもし一般的な実態だとしたら、端的に言って、国語の授業として『少年の日の思い出』の読み方に問題があると言わねばならない。

それでは、道徳主義を超えて『少年の日の思い出』をどう読むか。読みを考えるうえで、その前に、この教材を〈道徳〉的なものにしている要因について言及しておきたい。

第一、言語実体化。このテクストの読みの周辺に位置づく「悪」「償い」「罰」といった反応の根拠として「一度起きたことは、もう償いのできないものだ」という言説がよく持ち出される。この「ぼく」の認識が前景化されるだけでなく実体化されることで、子どもの読みは道徳的なものになってしまっていると考えられる。しかし、言うまでもなく、いかなる言説もテクスト全体、つまり他の言説との関係のなかで意味が決定され、読まれるものでなければならない。ここだけが実体化され中心的な意味を付与され、全体の読みにまで反映されて「道徳主義」的な読みに寄与しているのではないか。言語実体論を基盤とした内容主義・表層のプロットといった読み方が、道徳的読みの温床となっている。

第二、テクストの構造把握。『少年の日の思い出』が、「ぼく」が「エーミール」のチョウを盗んで破損してしまった出来事を中心に読まれることは避けられないが、それはあくまで冒頭の「私」と「友人」との会話との関係性において読むものでなければならない。このことは、かつて甲斐睦朗が「額縁構造《がくぶち》」(2)と指摘しているものである。〈現在1＝回想前〉―〈過去＝少年時代の回想〉―〈現在2＝回想後〉の、〈現在2＝回想後〉は欠けているのであるから、厳密に言うと「額縁構造」ではない。しかし、それではなぜ〈現在2＝回想後〉が欠けているのかも含めて、テクスト構造が問題にされなければならない。次に述べる回想場面にしても、たえず〈現在1＝回想前〉との関わりにおいて読まれる必要がある。(3)

第三、回想場面のとらえ方。テクスト構造ということでは、〈過去＝少年時代〉としての回想場面をどう扱うかということはこのテクストの読みにとっては肝要なものとなる。つまり、単純な「客」の再話ではないということである。回想場面を「客」の語りだけではなく、「客」の話を聞いた「私」が語り直したものということである。このことは読み方として重要であり、後述する。

2 〈熱情〉の裏側

一般に、少年の頃、何かを蒐集《しゅうしゅう》することに夢中になるのはけっして珍しいことではない。だから、「ぼく」の「チョウチョ」に対する熱情は純粋なものであり、そのことがたとえ盗みを犯したとしても「ぼく」への同情を読者が惜しまないという結果をもたらしもするのだろう。

今でも美しいチョウチョを見ると、おりおりあの熱情が身にしみて感じられる。そういう場合、ぼくはしばしの間、子どもだけが感じることのできる、あのなんともいえぬ、貪るような、うっとりした感じに襲われる。

そうした微妙な喜びと、激しい欲望との入り交じった気持ちは、その後、そうたびたび感じたことはなかった。

「チョウチョ」に対する「熱情」と「うっとりした感じ」、そして「欲望」といったように、「子どもだけが感じることのできる」純粋な「熱情」が余すところなく語られている。読者は、「ぼく」が「エーミール」の「チョウチョ」を盗んでしまうのも、この純粋な「熱情」や「チョウチョ」に対する「欲望」であると思い込みがちである。もちろん、そのような「熱情」や「欲望」が失せたわけではない。しかし、「ぼく」が犯行に及んだ理由は他にもある。

それは、「チョウチョ」収集の仲間からの称賛を得たい、とりわけ「エーミール」に勝ちたいという〈欲望〉である。指摘されるように、「ぼく」は、疑いようもなく「エーミール」にコンプレックスを抱いている。(4)「ぼくの両親は立派な道具なんかくれなかったから、ぼくは自分の収集を、古い潰れたボール紙の箱にしまっておかねばならなかった」が、仲間たちは「ガラスの蓋のある木箱や、緑色のガーゼを貼った飼育箱や、その他ぜいたくなものを持っていた」。それゆえ、「重大で、評判になるような発見物や獲物があっても、ないしょにし、自分の妹たちだけに見せる習慣になった」とある。「チョウチョ」への「熱情」は、捕獲すること自体への欲望から、仲間に見せて称賛を浴びたいという〈欲望〉をも抱え込むことになった。これもまた誰しも子どもの頃、身に覚えのあるものである。しかし、「ぼく」の場合、その〈欲望〉は、両親が貧しいという本人には如何《いかん》ともしがたい理由によって満足されることはないものであった。いきおい、「ぼく」が仲間の憧憬の対象となるとしたら、珍しい価値のある「チョウチョ」を捕獲すること以外にはないことになる。「ぼく」のコンプレックスについては、しばしば指摘されるところだが、その表裏としてのプライドも看過すべきでない。

「チョウチョ」を捕獲することにおいてはプライドがあるからこそ「ぼくらのところでは珍しい青いコムラサキ」を捕った時、それを誰かに見せずにはいられないのである。しかも、それを見せようとしたのは

「先生の息子」であり、「非のうちどころがないという悪徳をもって」おり、「二倍も気味悪い」隣家の少年である。なぜ、それほどいやなやつに見せようとしたのか。それは、収集が「こぎれいなのと、手入れの正確な点」によるだろう。「ボール紙の箱」しか持たない「ぼく」のコンプレックスは、「手入れの正確な」保管をする「エーミール」の称賛を得ることによって贖《あがな》われるはずであった。ところが、実際は、「こっぴどい批評家のため、自分の獲物に対する喜びはかなり傷つけられ」てしまうことになる。「ぼく」は道具自体への欲求はあまり強くないとしている。それよりは、「チョウチョ」自体の価値が問題だと思っているのである。エーミールも「収集は小さく貧弱」であって、とうてい自分にかなうはずもない。そうであれば、「ぼく」は多少の批判を「エーミール」から受けたとしても意に介さなければよいのではないか。しかし、「エーミール」は、「コムラサキ」自体の価値を金銭的に評価しつつも、「展翅《てんし》の仕方」を問題にするといったように、「チョウチョ」以外のことで「ぼく」のプライドを傷つけたのである。「ぼく」が「エーミール」に「コムラサキ」を見せたのは、「専門家らしくそれを鑑定」されたり「値踏み」されたりすることではなく、ただ称賛してほしかったのである。標本に長《た》けた仲間が、「チョウチョ」自体の価値を認めてくれる。このことが「ぼく」の望みだったわけで、「非のうちどころがない」「憎」い相手であっても見せようとしたのである。しかし、「エーミール」は結局「ぼく」の期待とは逆のことをしてくれた。「チョウチョ」自体へのプライドを傷つけられたうえに、コンプレックスである標本について非難されるという結果になる。「二度と彼に獲物を見」せるはずもない。

この「ぼく」の「チョウチョ」に対するプライドと「道具」におけるコンプレックスがコインの裏表のように一体化し、その後の彼の行動を無意識的に左右することになる。授業では、「ぼく」が「エーミール」の「ヤママユガ」を盗むという出来事がクライマックスとして取り上げられ、その時の「心情」が問われたりもするが、「ぼく」の行動原理としてのプライドとコンプレックスというアンビバレントな心理はすでに確固たるものとなっていることを見逃すべきでない。「ぼく」が「エーミール」の所有する「ヤママユガ」を見たい・欲しいと思うのは、美への憧れというよりも、「ぼくたちの仲間で、ヤママユガを捕らえた者はまだなかった」ことから、自分こそが捕獲し所有して称賛を得るべきであり、「熱烈に欲し」いものだからだ。まして、「道具」において「ぼく」を凌駕《りょうが》する「エーミール」が「ヤママユガ」を所有することは、「ぼく」にとっては二重の意味で「エーミール」の後塵を拝することになるのであって、その意味で「ヤママユガ」は自分の手中以外に存在してはならないものである。そのような無意識を持つ「ぼく」が「この宝を手に入れたいという逆らいがたい欲望」に負けることとなるのは、部屋には誰もいないという状況においては、けっして偶然の出来事ではないと見るべきである。したがって、「盗み」という表面にのみこだわっていると、「ぼく」をそのような行動に駆り立てたものは何か、なぜ盗まねばならなかったのかというこのテクストのメタレベルが問題とならないことになる。授業でかならずといっていいほど取り上げられる自分の収集した「チョウチョを一つ一つ取り出し、指でこなごなに押し潰してしまった」をどう読むか。このことは、〈語り〉の構造をふまえる必要がある。

3　〈語り〉を学習課題とするとはどういうことか

二〇一二（平成二四）年度版以降の『少年の日の思い出』に〈語り手〉を取り上げたのは、光村図書・学校図書・教育出版の三社である。それぞれについて、〈語り〉がどのように取り上げられているかを見ることにしよう。

光村図書（以下「M社」）

手引きコラム・「学習の窓」 語り手に着目する

この作品は、前半の語り手が「私」であり、後半の語り手「僕」が「『私』の客」という設定になっている。作品の中心は、「僕」と「エーミール」の間の出来事を描いた後半であり、その出来事を読み手は「僕」という語り手を通して読む。

「僕」は、模範少年である「エーミール」を、ねたみ、嘆賞しながらもにくんでいる。そうした思いをもつ「僕」が語る人物の心情や行動に、読み手は共感しながらも、いっぽうでは、「エーミール」の立場に立ち、同じ出来事でも違った見方ができるのではないか、と考えるかもしれない。

作品を読むときには、語り手に着目し、その立場に立ったり、語り手以外の立場に立ったりして読んでみると、より多面的な読み方ができる。

学校図書（以下「G社」）

学習のねらい

◆登場人物の気持ちや思いを読み取ろう。

↓語りの構造に注目し、人物の関係を考えよう。

教育出版（以下「K社」）

手引き課題・考えよう

3　「ぼく」が話したことを「私」が文章にまとめるという構造に注目し、次のことについて、話し合おう。
(1)　「私」は、なぜ文章にまとめたのか。
(2)　「ぼく」にとって「私」のしたことは、どのような意味をもっているのか。

手引きコラム・「ここが大事！」　「語り手」に注目して

物語や小説を読むときには、語り手に注目しよう。語り手に注目して読むことで、構成や展開、表現の特徴が明確になるからである。

『少年の日の思い出』は、「ぼく」（客）の、心が深く傷ついた少年時代の思い出が大半を占めている。だから、その思い出とはどのようなできごとだったのかを捉えることは、もちろん重要である。

しかし、この作品の場合、このような捉え方だけでは不十分である。なぜなら、『少年の日の思い出』は、「ぼく」の話を聞いた「私」（主人）が、過去を振り返る構成になっており、「ぼく」の語った話は、聞き手である「私」によって、語り直されているからである。

（「私」によって、文章化されているといってもよい。）

つまり、この作品は、少年時代、「エーミール」には理解してもらえなかった「ぼく」の気持ちが、時がたち、初めて「私」という人物に受け止めてもらえたということがわかるように構成されているのである。語り手に注目して『少年の日の思い出』を読むと、このようなことに気づき、考えを深めていくことができる。

この作品にとどまらず、物語や小説を「読む」ためには、それぞれの作品の語り手に注目することが求められているのである。

このように見てくると、一口に「〈語り〉が取り上げられた」と言っても、その取り上げ方には軽重なり差異なりがあることが指摘できよう。G社は「語りの構造に注目し、人物の関係を考えよう。」と短く、「語りの構造」とはどのようなものかについては触れられていない。M社はコラム欄を設け説明している。K社は、コラムとして解説するばかりでなく、〈語り〉を問う学習課題を出している。

しかし、M社とK社の〈語り〉の取り上げ方には決定的な相違がある。それは、『少年の日の思い出』の読みを左右するだけに看過できない問題である。M社は「この作品は、前半の語り手が『私』であり、後半の語り手『僕』が『私』の客』という設定になっている。作品の中心は、『僕』と『エーミール』の間の出来事を描いた後半であり、その出来事を読み手は『僕』という語り手を通して読む。」としている。前半は「私」の語り、後半は「僕」の語りというように峻別《しゅんべつ》している。それに対して、K社は「『少年の日の思い出』は、『ぼく』の話を聞いた『私』（主人）が、過去を振り返る構成になっており、『ぼく』の語った話は、聞き手である『私』によって、語り直されているからである。」とし、後半も「私」が語ったものだという読み方になっている。ただし、K社の「私」による語り直しを『私』によって、文章化されているといってもよい。」という説明は、少なくとも中学生にとっては「作者」との混同を招く危険性があり問題である。

では、なぜ「私」の「語り直」しと言えるのか。まず「友人はその間に次のように語った。」の「ように」という言い方から、「私」によって編集されたものであると受け取ることに無理はないと思われる。また、「ぼく」の話を聞いた「私」が語り直したものだとした竹内常一は次のように述べている。

ここで注意しなければならないことの一つは、客はチョウを見ると、反射的に幼年時代を思い出すのに、不愉快なことでもあるかのようにそれを拒んでいることである。この言動は、過去の出来事がフラッシュバックしてくること、いいかえれば、それが思い出となるほどにひとまとまりの経験となっていないことを示している。いま一つは、客が「その思い出をけがしてしまった」といい、「話すのもはずかしい」といっていることである。［中略］だとすると、客は純粋な思い出をけがし、絶対的な価値を犯したという罪悪感を抱いていると同時に、他の人にたいしてはずかしいという気持ちをもっている人物だということができる。

それを考えると、彼の話は、彼の中で反芻されてきたものにちがいないが、それでもその語りはつっかえ、よどみ、つまるものであったのではないか。それればかりか、自分を責めすぎるという偏りがあったのではないか。ところが、小説は、彼の話を筋の通ったものとして提示している。それは、わたしが彼の話を聞き取り、ひとつの物語に書いているからである。(5)

前半部で「客」は自分からチョウの収集を見せてくれと言いながら、「もう、けっこう。」と「不愉快ででもあるかのように」言い、「悪く思わないでくれたまえ。」と謝罪する。ここに、「客」のいまだに少年時代という過去を相対化できていないありようが伺《うかが》えるのであって、回想場面のような「筋の通った」話になるとは考えにくいということである。また、これまで、『少年の日の思い出』は額縁構造・入れ子型と説明されはするが、それではなぜ「〈現在1〉―〈過去（回想）〉―〈現在2〉」の「〈現在2〉」がないのかについては、説得力のある根拠は必ずしも明らかではなかった。このことは、中学生にとっても素朴な疑問となるであろうことは想像に難くない。しかし、「私」の語り直しととらえることによって「わたしのかれにたいする応答がこの小説のなかに織りこまれているのだから、この小説は結末部を必要としていない」というように把握することができる。さらに、「それでもこの小説に後話が必要だというのであれば、それはかれの話を聞いたわたしの感想ではなく、わたしの書いた物語にたいするかれの感想でなければならない」と示唆するように、「客」自身が過去の自分や「エーミール」と向き合い、対話する可能性が拓かれることになる。つまり、〈「私」の語り直し〉ととらえることによって、「〈現在2〉」は欠落しているのではなく、テクスト内に可能性として開かれていることになる。

『少年の日の思い出』において、〈語り〉を問題とすることは、後半の回想部分は「ぼく（＝客）」の直接話法ではなく、それを聴いた「私」によって語り直されたものであるという読み方をすることにほかならない。須貝千里の言い方を引くなら、「『ぼく』と『私』という二重のフィルターを通して、少年の日のことは語られているからです。これが『少年の日の思い出』における語り／語られる関係の基本原理です(6)」となる。

4 「私」が語り直すことの意味とは何か

『少年の日の思い出』の回想場面を「私」が、「客」の話を聞いて語り直したものだとすると、まずそのようにとらえることによって、どんな意味があるのかを明らかにする必要がある。この点、角谷有一は次のように結論づけている。

このように読んでくると、『少年の日の思い出』は、自分の罪を認めて償いとすることができないままにエーミールに対する憎しみを抱き続け、心の奥底に闇をかかえて少年時代から大人の今にいたるまでの時間を生きてきた男が、「私」に促されて、過去の記憶をなぞりながら語ることによって、さらに、それが「私」によって再び語り直されることによって、自分の罪が顕わなものとして目の前に晒され、その罪に対する罰を受けなければならないことを受け入れていく物語なのである。(7)

つまり、「私」が語り直すことによって、「ぼく」（＝客）は、「闇」に閉ざされたままの「少年」時代の自分に向き合うことができたのである。過去の自分を対象化する機会を得たと言ってもよい。そのことは同時に「エーミール」との対話に開かれることでもあった。もちろん、「エーミール」と直接的に対話できるわけではないが、厳密に言えば「エーミール」という他者をめぐって「私」（＝主人）と「ぼく」（＝客）との対話が可能になったということである。

そもそも「客」はなぜ、自分の「実際話すのも恥ずかしいこと」を話す気になったのか。直接的には「もう、けっこう。」と言い、自分が見せて欲しいと頼んだチョウの収集を邪険に断った理由を説明する必要があった、ということはある。しかし、それは、大人となった今日においても、「残念ながら、自分でその思い出を汚してしまった」という意識を払拭できず、過去の自分あるいは「エーミール」に対する認識や態度を相対化できていないということを露呈することになった。『少年の日の思い出』は「闇」に包まれたままだったのである。

それでは「私」が「闇」に閉ざされたままの「ぼく」の過去を語り直すことによって、明らかになることの内実とは何か。なぜ語り直したのかと言い換えてもよい。それは、「ぼく」の過去の出来事に対するとらえ方に疑義を持った、問題性を感じたということになろう。「私」の語り直しは、「ぼく」にそのような問題性を突きつけるために行われたと言って差し支えないだろう。すると、次に問われなければならないことは、「ぼく」に突きつけられた問題とは何かということにほかならない。

まずは、「エーミール」と「ぼく」との「チョウ」に対する認識の差異である。このことは二人の「チョウ」に対する表現の仕方に表れている。「ぼく」は「まるで宝を探す人のように」「ぼくは自分の宝物を」とする一方、「自分の獲物に対する」「二度と彼に獲物を見せなかった」とも評されている。「エーミール」は「宝石のようなもの」として扱っていた。「エーミール」にとって「チョウ」は「傷んだり壊れたりしたチョウの羽を、にかわで継ぎ合わすという、非常に難しい珍しい技術を心得ていた」ほど、「チョウ」自体が大切であり、まさしく「宝石」のように手を入れ鑑賞の対象としてあるべきものである。しかし、「彼の収集は小さく貧弱だったが」と評するように「ぼく」にとっては、珍しい「チョウ」をたくさん持っているというコレクションのための「獲物」だったのである。それは、「コムラサキ」をめぐる両者の価値認識の違いに端的に表れている。「ぼく」にとって「チョウ」は「熱情」の対象ではあるが、「獲物」であるがゆえに「宝物」でもあるという屈折した思いを読み取ることができる。

これは、「エーミール」に対する「ぼく」の屈折した心理にも言えることである。「ぼく」は「エーミール」に対して、明らかに屈折・偏向した感情を抱いている。「この少年は、非のうちどころがないという悪徳をもっていた」「子どもとしては二倍も気味悪い性質だった」「あらゆる点で、模範少年だった。そのため、ぼくは妬み、嘆賞しながら彼を憎んでいた」など、憎しみの対象ですらある。では、なぜ「エーミール」に対して、そのように厳しい態度をとるのか。それは、くりかえしになるが、「ぼく」のコンプレックスがそうさせるのである。「エーミール」に対してだけではないが、とりわけ「エーミール」は隣家の子であり「先生の息子」「模範少年」「自分だけの部屋を持って」いるなどといった点で、「ぼく」のコンプレックスをかき立ててやまない。「ぼく」は、「チョウ」集めに没頭したが、それを「他の者」に見せることはなかった。「設備」が「幼稚」だったからである。「ぼくの両親は立派な道具なんかくれなかったから」と言ってもよい。それゆえ「ぼく」のコンプレックスを少しでも払拭するためには、コレクションの仕方ではなく、「チョウ」そのものの価値こそが優先されねばならない。「他の者」がうらやましがるような「チョウ」を

「獲物」として自分の手にすることが唯一、「ぼく」の優越感を保償してくれるはずであった。だから、「ヤママユガ」をさなぎからかえすまでは、「エーミール」は「隣の子ども」「この少年」としか語られていないことは留意されてよいだろう。つまり、「設備」の点では劣っていたとしても収集の中身については劣るものではなく、「エーミール」などは、名前のないとるに足らない存在なのである。しかし、「ヤママユガほどぼくが熱烈に欲しがっていたものはなかった」「ぼく」にとって、「あのエーミール」がそれを手にしていたとあっては、「設備」と「獲物」の二重の意味において、「ぼく」は「エーミール」に及ばないことになってしまう。「ぼく」が「盗みを犯した」遠因はここにある。深層の心理からすれば、「ヤママユガ」は「エーミール」ではなく、自分の手にあるのでなければならないのである。「エーミール」にとって「チョウ」は〈美〉の対象ではありえても、「ぼく」にとっては「熱情」であり「欲望」であった。つまり、「ぼく」と「エーミール」との「チョウ」に対する認識の差異は、「ぼく」の「エーミール」に対する偏見と重なり合っている。「ぼく」は、「私」の語り直しによって、かつての「エーミール」に対する認識の変更を求められているのである。欲望とコンプレックスに由来する認識を修正することなしに、「エーミール」を他者としてあらしめることはできないのであり、過去と対話することも不可能であるだろう。

そして、「チョウ」を盗み、自分のコレクションを「指でこなごなに押し潰してしまった」という一連の出来事に「ぼく」は向き合うものでなければならない。「ヤママユガ」を持ち出した時、「さしずめぼくは、大きな満足感のほか何も感じていなかった」のだが、「誰か」を認めると「その瞬間にぼくの良心は目覚めた」とある。しかし、つぶれたヤママユガを見て「ぼく」が思ったことは、「盗みをしたという気持ちより、自分が潰してしまった美しい珍しいチョウを見ているほうが、ぼくの心を苦しめた」とされる。つまり、「良心」は「目覚め」てはいなかったのである。また、母に諭されて「エーミール」に詫《わ》びることについても、「他の友達だったら、すぐにそうする気になれただろう」として消極的である。理由は、「ぼくの言うことをわかってくれないし、おそらく全然信じようともしないだろう」こと、つまりコミュニケーションは成り立たないとはじめから思っていたことによる。というより、「エーミール」が「ぼく」を「全然信じようともしない」のでなく、「ぼく」が「エーミール」を「全然」信じようとしていないと言うべきである。「ぼくは彼に、ぼくのおもちゃをみんなやると言った」のも、「チョウ」の〈美〉など解さないやつだと見下していたからであろう。経済的にはコンプレックスを抱いていた分、「チョウ」についてはプライドを持っていた。だから、「チョウ」について非難されると、それまでとは一転して「ぼくはすんでのところであいつの喉笛に飛びかかるところだった」となる。

しかし、いくら〈美〉を持ち出しても盗んだという〈倫理〉の問題を払拭することはできない。そこで、「ぼく」は〈美〉を盾に、自分は「悪漢」、「エーミール」は「世界のおきてを代表でもするかのよう」な人物として措定することで、この難局＝〈倫理〉の問題を回避しようとする。悪く言えば、「エーミール」像をねつ造することで、コンプレックスを隠蔽し自分を正当化しようとしたのである。しかし、そのことこそが、盗んだこと以上に「心的外傷《トラウマ》」となっている。「自分でその思い出を汚してしまった」ことに今も苦しむことになっているのである。しかし、「客」自身は、家の経済的な事情によるコンプレックスからくる「他の者」に勝りたいとする欲望を〈美〉にすり替えていたことに気づいてはいない。「エーミール」を「気味悪い性質」「模範少年」「世界のおきてを代表」というように、自分にとって都合のいいように自己化し、〈美〉を隠れ蓑《みの》にして自己を守る。盗みばかりでなく、二重の意味で〈倫理〉的な問題を抱えていた。

「エーミール」にとって〈倫理〉は問題ではないだろう。彼にとって問題なのは、むしろ〈美〉である。

それでも彼は冷淡にかまえ、依然ぼくをただ軽蔑的に見つめていたので、ぼくは自分のチョウの収集を全部やると言った。しかし彼は、「けっこうだよ。ぼくはきみの集めたやつはもう知っている。そのうえ、今日また、きみがチョウをどんなに取り扱っているか、ということを見ることができたさ。」と言った。

「エーミール」は代償も謝罪も求めてはいない。「ぼく」が「繕うことなんか、もう思いもよらなかった」「ヤママユガ」を、「繕うために努力」したが、失われた〈美〉を回復することができない以上、「けっこうだよ」と言うほかはない。「エーミール」は別に「世界のおきてを代表」するつもりなどないばかりか、「ぼくは悪漢だということに決」めたのは、「エーミール」ではなく「ぼく」である。「ぼく」は、コンプレックスと欲望を隠蔽し、虚像としての「エーミール」をねつ造して、それと格闘し傷ついている。「チョウチョを一つ一つ取り出し、指でこなごなに押し潰してしまった」のは、「エーミール」に傷つけられたためではない。「エーミール」は「世界のおきてを代表」、自分は「悪漢」という自ら作り上げた構図の中で破綻していったのである。自己化した「エーミール」ではなく、他者としての「エーミール」との対話を「私」が「ぼく」に求める所以である。

【付記】本論における『少年の日の思い出』の引用は、『伝え合う言葉　中学国語1』（教育出版、二〇一二年度版）によった。
傍線は、丹藤による。

注

（1）竹内常一「所感交感　語りの構造のとらえ方をめぐって」（田中実・須貝千里編『文学の力×教材の力　中学校編1年』教育出版、二〇〇一年、二三七頁）。なお、引用文中の「それ」は、同書で同じく『少年の日の思い出』について論じている綾目広治の構造把握や読みを指しており、「　」も同氏の文章からの引用である。

（2）愛知教育大学国語教育研究会編『文学教材の研究・中学篇』桜楓社、一九八〇年。

（3）例えば、近藤章は、「構成」として次のように述べている。「①現在から回想へと移っていって、再び現在の場面へは戻ってこないこと。／たしかに、自分のチョウを粉々に押しつぶしてしまうクライマックスのあとに、また現在にもどった部分をつけたりするのは蛇足である。」（増淵恒吉・小海永二・田近洵一編『講座　中学校国語科教育の理論と実践　第四巻　文学的文章Ⅰ　小説・戯曲』有精堂、一九八一年、六三頁）

（4）「ぼく」の「エーミール」に対する「コンプレックス（劣等感）」に言及した文献としては、例えば、次の論文をあげることができる。松友一雄「作品構造の連関性に着目した国語科教材分析試案――『少年の日の思い出』の場合⑴――」（『論叢国語教育学⑴』一九九三年）、山本一「ヘルマン・ヘッセ『少年の日の思い出』備忘」（『金沢大学語学・文学研究三三号』二〇〇五年九月）。

（5）竹内常一『読むことの教育』山吹書店、二〇〇五年、一二〇頁。

（6）須貝千里「ポスト・ポストモダンと国語科教科書の課題――中学校の新しい国語教科書の『学習の手引き』で起こっていること――」（全国大学国語教育学会第一二二回筑波大会発表資料、二〇一二年五月二七日）

（7）角谷有一「『少年の日の思い出』、その〈語り〉から深層の構造へ――『光』と『闇』の交錯を通して見えてくる世界――」（田中実・須貝千里編『文学が教育にできること――「読むこと」の秘鑰』教育出版、二〇一二年、一六六頁）

3 『走れメロス』（太宰治）

——教材失格——

1 制度化された〈読み〉

昭和三一（一九五六）年にはじめて国語教科書（中教出版『国語・総合編　二年上』）に掲載された太宰治『走れメロス』（『新潮』昭和一五年五月・発表）は、現在に至るまで途切れることなく、中学校の「定番教材」となっていることは改めて指摘するまでもない。「この時期における太宰の会心の作」（亀井勝一郎[1]）、「非常に面白かったし、また非常に立派な作品」（岩上順一[2]）と同時代評においても絶賛され、またその後の研究・評論でも、「テーマが明確である上に、信義と友情という、青年期に共感を呼ぶ、重大でしかも切実な問題をとりあげている」（長谷川泉[3]）、「人間の信頼と友情の美しさ、圧政への反抗が簡潔な力強い文体で表現されていて、中期の明るい健康的な面を代表する短編である」（奥野健男[4]）と好意的に評されていることも、多くの先行研究が言及するところである。

それでは、国語教育において、どのように読まれてきたのか。熊谷芳郎が「むしろ『走れメロス』は長い間主題を読み取ることを中心に読まれすぎてきた感がある[5]」とするその「主題」とは、「友情」「信実」にほかならない。中学生に「友情」や「信実」の尊さを読み取らせる、そこに教材としての価値を見いだそうとしてきたと言っていいだろう。例えば、浜本純逸・松崎正治編『作品別文学教育実践史事典　第二集　中学校・高等学校』では、「主題」として以下のことが挙げられている。

(1)友情に重点をおくもの
(2)友情の美しさを指摘しながらも、それを支える信実に力点がおかれるもの
(3)メロスの自己変革を主題におくもの(6)

「友情」「信実」といった「主題」を支えるのは、主人公「メロス」の「自己変革」なのであるが、後述する。

また、『実践国語研究別冊「走れメロス」の教材研究と全授業記録』では、「教材設定の理由」として以下のようにある。

この作品は、主人公の青年メロスが人を信じることのできぬ暴君ディオニスと対立するところから始まる。メロスの信実とディオニス王の不信は対峙し、相容れないが、熱血漢メロスは、なんとか王に信実の存するところを証明しようとする。さまざまな障害を乗り越えながら、「単純な男」メロスが、自分の中にもあった弱さ、醜さを克服していき、真の「勇者」になる。物語は息もつかせぬ展開をし、物語の中に引き込まれた読者は、メロスを励まし、メロスと共に祈り、気がつけばメロスと共に走っている。〔中略〕／しかしながら、生徒の中には、熱い感動で受け取る者だけでなく、「話がうますぎる」と批判的に受け取る者もいるであろう。そのような生徒

たちも、多彩な表現技法や語彙に着目することにより、人物の内面にまではいっていけ、ディオニス王の変容や、メロスの人間としての成長を読み取ることができるのではないだろうか。(7)

この引用は教材『走れメロス』の扱いにおいて次の点で典型的であると考える。

第1「主題」として「友情」や「信実」が自明のものとされていること。

第2「メロス」が「弱さ」を克服していく成長物語とされていること。

第3「批判的に受け取る」生徒もいることがあらかじめ想定されていること。

第4「批判的」であることは、すなわち読めていないからだというように扱われていること。

第3・4にあるように、中学生の中には「批判的」に読んでいる生徒が少なからずいると言ってよい。しかし、そのことはけっして例外的なことでない。むしろ、複数の実践者から報告されている。それだけに看過できない問題であると言ってよい。高橋俊三や須貝千里は、中学校での実際の授業経験をもとに『走れメロス』の反応が、三つのタイプに分かれることを異口同音に指摘する。

高橋は次のように言う。

『走れメロス』は、不思議な教材である。中学生にこの作品を読ませると、相反する二つの強い感想が返ってくる。一つは、現実にはあり得ない話だとして、筋や人物の単純さや現実離れに驚きあきれる姿であり、一つは友情の尊さや人を信ずることの大切さに感動している姿である。初発の感想が大きく分かれるのは、この作品だけではないだろうが、時として、その相反する感想が、一人の生徒の口から発せられるところに、『走れメロス』の特異性があると思われる。(8)

また、須貝は以下のように整理している。

ⓐ「走れメロス」を愛と信実の物語、自己変革の物語として読み、素直に感動を表明するタイプ。

ⓑメロスのような人物はこの世には存在しない、非現実的でばかばかしい物語だと考えるタイプ。

ⓒメロスはすばらしい、しかしそんな人はこの世にいないとする、ⓐⓑの読み方の折衷タイプ。[9]

さらに、三浦和尚は次のように分類する。

①友情・信実といった姿にストレートに共感するもの。

②すでに読んだ経験があり、もう知っていると興味を失うもの。

③一読で全体像をとらえた気になって、精読の意欲を失うもの。

④こんな話あるわけがないと、拒絶するもの。[10]

三浦の指摘も、須貝・高橋同様、「賛成派」―①、「反対派」―④、「折衷派」―②・③に大別することができる。[11]

『走れメロス』における中学生の読みには、設定された「主題」には同意できないとする「批判的」「反対派」が必ずあると言えよう。『走れメロス』の教材としての問題の第一は、読みの振幅が激しい、別の言い方をするなら、「賛成」「反対」両極端の読みが出されるところにある。

さらに、第二の問題としてあげたいのは、クラスに「批判的」な読みがあった時、それは読めていないと判断されているという点である。『走れメロス』を批判的に読むことは、作品として読めていないと決めつけていいものだろうか。『走れメロス』の授業報告で、近年目立つのは、「自己中《チュー》」[12]、「つまらない話だ」「くさい」[13]、「むかつく」「うっとい」[14]といった、「批判的」というより拒否反応ですらある。私自身定時制高校で『走れメロス』のパロディーを書かせるという実践をしたことがあるが、「自分勝手にも程がある」「メロスは自分自身に同情している感じがしてむかついた」[15]という評言が目立った。また、先に『走れメロス』は、文学研究・評論においても評価されていると述べたが、「批判派」「折衷派」に相当する評価も散見される。「いふほどのこともない」（嵯峨伝[16]）、「正直な所、ぼくにはこの作品を正面から論じる意欲が湧かないのである」（山田晃[17]）といった消極派もあれば、中学生同様「反対派」もいる。いち早く「反対派」を表明した中に寺山修司がいる。寺山は登場人物「メロス」と作家「太宰治」を同一視し、その「ナルシシズム」「思い上がり」を指摘し、「メロスは、『政治のわからぬ』『単純な男』と、作者もことわっているが、それにしても見も知らぬ老人の一言で、殺人を決心してしまうような『あかるい性格』の『のんきな男』というのは、私には耐えがたい。第一、かかわりあいになる方が迷惑というものである」と手厳しく、「太宰独特の自尊心文学の系列に加えられる」と断じている。奥野の示した「圧政への反抗」という評に到っては「絶無」と切り捨てる[18]。このような拒絶反応は小谷野敦の「『走れメロス』はもうやめてほしい」[19]まで引き継がれている。つまり、高橋・須貝・三浦らによる三つの類型は、文学研究・評論においても言えることなのである。

したがって、ここで言いたいことは、「批判的」に中学生が読むことは、けっして読めていないとばかりは言えないということである。逆に、「素直に感動」する読みにこそ、問題がはらまれているとする立場もある。須貝は「『走れメロス』の読みで、まず大切なことは、『こんなことはありえない』物語だと把握することである」とし、むしろ「愛と信実の物語、メロスの自己変革の物語として素直に感動する読みは、この読みの健康さ（？）にもかかわらず、『走れメロス』の作品構造からはずれたところに成立した読みといわざるをえない」と主張する。[20] 須貝の言に従うならば、「作品構造」にふれた読みは「ⓑ」であるのに、国語教育全体としては、逆に「ⓐ」の読みを主題化・中心化し、「ⓑ」の読みを「ⓐ」に近づけようとしていることになる。教師の読み「ⓐ」は、教育的価値の名のもとになんら疑義をもたれることなく、子どもの読み「ⓑ」が「批判的」であるとして誤読扱いされ、「ⓐ」になることを強制されるという事態は、読みそれ自体制度化されたものだと言わざるを得ない。「主題」の美名のもとに、子どもたちが読みそのものから疎外されている状況が、この『走れメロス』には端的に現れているのではないか。田中実は、成人の読書サークルにおいて、ある母親が、かつて『走れメロス』を学校で習った時、「『走れメロス』のテーマを『信実の勝利』などではないと考えながらも、教師の要求するとおりに答えていた」[21] と述べたエピソードを紹介したうえで、「『走れメロス』には国語教育の研究者と近代文学研究者、そして現場（教師と生徒）とが三位一体となって強固な読みの〈制度〉を造り上げている」[22] と批判している。

2 「主題」は可能か

それでは、『走れメロス』の主題を「友情」「信実」とする読みは可能なのかについて検討する。末尾に「古伝説と、シルレルの詩から」とあることから、先行するテクストとの関係が研究され、周知のように、角田旅人によって、[23] 太宰が参照したのは『新編シラー詩抄』（小栗孝則訳、改造社、一九三七年）中の『人質　譚詩』であることが明らかとなった。そこで、『人質』と『走れメロス』との比較研究が行われ、原典と太宰の創作との違いが研究されてもいる。[24] 教育においても「比べ読み」として実践される例は多い。[25] なかでもある実践では、『人質』なら、「メロス」を「ヒーロー」として受け入れることができる、と生徒たちが答えたという報告がなされている。

筆者がこのシラーの「人質」という詩を生徒たちに配ると、彼らは食い入るように読み始め、次第にその違いに驚き、「このメロスは自意識過剰じゃない」、「このメロスなら嫌いにならない」と言った。つまり、シラーの「人質」でのメロスは、「ヒーロー物」としての物語構造に相応しいヒーロー像を備えた作品なのである。[26]

ここで、『人質』との比較に立ち入る余裕はないが、生徒たちが直感的に感じているように、『走れメロス』に付与される「友情」「信実」といった「主題」は、むしろ『人質』にこそ「相応しい」のである。相馬正一も「従来『走れメロス』に与えられていた評言は、むしろシルレル詩にこそ当てはまるのである」[27]としている。とするなら、『走れメロス』にも『人質』同様の「主題」を読むことは、『走れメロス』それ自体を文学として読んでいないことになる。換言すれば、文学ではなく道徳教材化してしまうということである。実際、現在も道徳の副教材として使用されていることは付言しておいてもいいだろう。[28] 市毛勝雄は「私の考えの結論だけを言えば、この作品の『友情と信頼』という側面をとりあげて道徳教育の教材としたのは軽率であった」[29]としたうえで、次のように述べている。

メロスはたとえ日没になっても、友人が刑死したとわかっても、刑場へ駆けつけたろう。そしてこの作品のテーマは、そうなったことで、悲愴の色を濃くするだろうが骨組みは変わらないだろう。ということは、「友情と信頼」という主題観はストーリーの外観だけから切りとった、浅薄な作品観の一つにすぎないという証明にならないだろうか。(30)

『走れメロス』を「友情と信実」の物語として肯定的に賛美すればするほど、文学としての『走れメロス』の読みから遠ざかることになるのである。これも研究上自明なことだが、『人質』に類似したお話なら『真の知己』が太宰が少年時代に触れた『高等小学校読本　巻二』(文部省、一九二〇年)にある。(31)『人質』は寓話であり、寓話である以上「信実」の尊さといった教訓を表現してはばかることはない。つまり、『走れメロス』に「友情」「信実」を読むことは、『走れメロス』に『人質』を読んでいることになるのではないか。別の言い方をすれば、『走れメロス』と『人質』とは同じ「主題」でいいのか、ということでもある。したがって、『走れメロス』の「主題」を「友情」「信実」とすること自体にそもそも疑問を持たざるを得ない。しかし、このことは、テクスト自体の〈読み〉そのものによるものでなければならないだろう。

近年の『走れメロス』研究においては、これまでの、作家の伝記的事実を参照したり内容や主人公を中心化したりする読みから、〈語り〉やディスクール分析による研究が盛んになされるようになったことが、顕著な特徴と言っていいだろう。(32)『走れメロス』初期の研究の読み直しが試みられていると言ってもよい。(33)ここでは、教材価値にかかわって『走れメロス』の〈語り〉を問題化した田中実の論をとりあげる。田中の『走れメロス』論の特徴は、〈語り手〉を「信実の勝利」「神々に愛された男」といった「内なる必然性」を支え切れていない「迂闊《うかつ》な〈語り手〉」と見るところにある。それは、「悪い夢」において端的に読み取ることができるとする。

そもそもメロスは断りもなくセリヌンティウスの命を身代わりに立てた男であり、セリヌンティウスもそれを黙って引き受けていた。にもかかわらず、ここになると、メロスに人並みの「未練」が残り、その「未練の情」を断ち切るための努力をしなければならなかったという。メロスが詫びているのは山賊を倒し、峠を下りた後の迷いのことだけ、もし、メロスがセリヌンティウスに真実、心の底から詫びるとすれば、疲労の極限で見た「悪い夢」よりも、まず健康で丈夫なときのこの人並みの人情を発揮したことこそ詫びるべきだったのではないか。メロスがそうだとすれば、それを語っている〈語り手〉こそ宴会のときのメロスの思いや隣村に行くときの逡巡を取り上げる必要があった。にもかかわらず、〈語り手〉はその逆、作品末すべてを祝福のなかに包み込んでしまった。このことは小説としても破綻していると言わざるを得ない。『走れメロス』はこの点で構造上、同情の余地なき失敗作である。(34)

メロスが刑場に入り、セリヌンティウスに「私を殴れ。ちから一ぱいに頬を殴れ。私は、途中で一度、悪い夢を見た。」と言う。その「悪い夢」とは、「山賊」と戦った後の「不貞腐《ふてくさ》れ」る場面のことである。「水」を飲んだ後、再び走り出す時、「あれは夢だ。悪い夢だ。」とある。しかし、田中によれば、「身体疲労」した時よりも、「ふるさと」にいた時の「未練の情」こそ、詫《わ》びなければならないのであって、〈語り〉は破綻し作品として「失敗作」と結論づけている。須貝も「『悪い夢』問題」として『走れメロス』の読みにおいて看過できないこととして論じている。(35)「〈語り〉の破綻」については、破綻していないとする田近洵一との論争があるが、(36)「迂闊な〈語り手〉」「破綻した〈語り〉」というなら、他にも破綻している箇所を見いだすことは容易である。

①「結婚式も間近か」だから、「シラクスの市《まち》にやって来た」はずなのに、「少し事情があるから、結婚

式を明日にしてくれ」と頼むと、「婿の牧人は驚き、それはいけない、こちらには未だ何の仕度も出来てゐない」と答える。「間近か」ではないことになる。

②舞台の「シラクス」とは古代イタリアの都市名であり文中「ゼウス」の語が二度登場する。ところが、「南無三」「韋駄天」の語彙が用いられている。「南無三」とは「南無三宝」の略であり、文脈上「しまった」ほどの意味であろうが、「仏教語」であることに変わりはない。「韋駄天」も同様。

また、メロスの言動においても、「破綻」は少なくない。

③「王」には「人の心を疑ふのは、最も恥づべき悪徳だ」と言いながら、「山賊」が現れた時、「さては、王の命令で、ここで私を待ち伏せしてゐたのだな。」と「王」を疑っている。

④妹に対して「亭主との間に、どんな秘密でも作つてはならぬ。」と言うものの、「妹」にはこれから死にに行くことを「秘密」にしている。

⑤「山賊」から逃れた後、逡巡する場面で、「私は急ぎに急いでここまで来たのだ」とあるが、「そんなに急ぐ必要も無い。ゆつくり歩」いていたのであり、「真っ赤な嘘[37]」ということになる。

ほかにも挙げられるかもしれないが、「悪い夢」だけが「〈語り〉の破綻」ではなく、登場人物（主人公）の言動も辻褄《つじつま》があっていないと言ってよいだろう。田中は「英雄」として扱うが、「メロス」は「単純」で、戸松泉の言を借りれば「突拍子もない馬鹿な男[38]」であろう。小説として「失敗作」である以前に物語としても成立していないと言わざるを得ない。

3 「自己変革」と「自己欺瞞」

それでも、このテクストを教材として価値あるものにしようとするなら、メロスの「自己変革」を取り上げることが考えられるだろう。これまで、教材としての『走れメロス』の「主題」は、この点を有力な根拠としてきたと言って過言ではない。しかし、この「自己変革」こそ、解釈上もっとも問題があると言わねばならない。

『走れメロス』の中でも一度は「身体疲労」とともに、「不貞腐れ」るところが、「メロス」の人間的な「弱さ」とされている。(39) それは、『人質』とは異なり、「勇者」といえども人間的な「弱さ」をもち、逡巡《しゅんじゅん》・葛藤するのであり、それは『人質』にはない『走れメロス』に特有の場面だけに着目されてきた。『走れメロス』を評価する論は、たいてい「メロス」の「弱さ」からの「自己変革」を強調する。田近洵一は、「己れを捨てて『恐ろしく大きいもの』を意識し、『わけのわからぬ大きな力』に引きずられて走る時、初めて己れを超えることができたのである」(40)とし、「己れを虚しくして大きな力を得、自己本位の己れの現実を超えることができた」(41)と積極的な意味を見出そうとしている。

『人質』と異なり、人間的な「弱さ」を経て、再び走り出すのは、物語のプロットとして効果的であるとは言えるけれども、「メロス」が再び走り出すことをもってして、ただちに「自己変革」と言えるかどうか、(42)ここが読みとして肝腎なところとなる。

「自己変革」とする、その根拠とは何か。このことを問うてみなければならない。それは、「私は信頼されている」というように、「単純」で自己中心的な「メロス」も、ここへきてようやく「セリヌンティウス」という他者を意識したと読むことによるだろう。この個所を他者意識に目覚めた「メロス」とするのか、自己中心的という点において変わらないと読むのかで『走れメロス』の読みは左右されると言っても過言ではない。確かに、「フィロストラトス」に対して「信じられてゐるから走るのだ」と答えている。しかし、直後に「間に合ふ、間に合はぬは問題でないのだ。人の命も問題でないのだ」とも言明している。文脈上、ここでの「人の命」とは、「メロス」はもちろん「セリヌンティウス」を排除することはできないだろう。「セリヌンティウス」のためでないとなると、「友情」のためではないということになる。また、「間に合ふ、間に合はぬは問題でない」としていることから「信実」のためではないことになる。「セリヌンティウス」という「人の命」のためでなく、「間に合う」という「ディオニス」との約束のためでもないということである。

しかし、それ以上に問題視しなければならないのは、「自己変革」といった時の、「メロス」の内面についてである。「メロス」は、中学生にも「自己中」とされ、多くの論もそのナルシスト的傾向・自己愛・自意識の過剰さに言及している。戸松が「実のところ自らの行動を自らの意志や信念やによって決定していくということを欠いた自我の持ち主であった[43]」、「好くも悪くも、メロスは常に他者の眼に映る自己像によって自分の行動を決定してしまう『単純な』人間であった[44]」と看取するように、対他的な意識によって「メロス」の行動は決定されていくのである。「若い衆」からの答えが得られなくても何もしないのに、「老爺《ろうや》」には「語勢を強くして質問」したり、「王」を責める時は威勢がいいのに、自分の願い事を言う時には敬語になるといった言動は、そのような「メロス」の他者によっていかようにも変わる自我のありようを端的に示している。

メロスはここでも〔フィロストラトスに声をかけられた時―丹藤注〕、自分の意識を「変化」させたわけなのだ。メロスを取り巻く状況の変化なく、メロスの意識が変化しているということは一体どういうことなのだろう。考えられることは、メロスという主体が状況の中で葛藤せず、上すべりに言葉を発しているということである。[45]

「メロスという主体が状況の中で葛藤せず、上すべりに言葉を発している」ことは、「他者の眼に映る自己像によって自分の行動を決定してしまう」という「メロス」の内面の特徴により説明がつく。語り手は「単純な男」とだけしているが、語り手が「メロス」の内面に介入すればするほど、「メロス」の弱い自我による言動の矛盾・齟齬《そご》が浮き彫りとなっている。つまり、「自己変革」として読者に映るのは、他者の視線により行動を決定し変容させていくという「メロス」の対他意識の産物であった。近藤周吾は、「悪い夢」として「リセット」し、再び「勇者」「正直な男」としてふるまう点は、「自己変革」ではなく、「無意識の自己欺瞞《ぎまん》」だと看破している。

「悪魔の囁き」を忘れたその時点において、すでにメロスは自己の内面に対して「正直な男」ではないはずだが、にもかかわらず、そのような自己矛盾を見事に叙述から省いて、「なんだか、もつと大きい大きいもの」といい「メロスの頭は、からつぽだ。何一つ考えてゐない。ただ、何かしらの大きな力に引きづられて走つた。」というふうに書くから、今までの思考と絶縁してしまい精算されてしまう。連続性の上で捉えれば、ここは都合のよい自己欺瞞＝辻褄合わせ以外の何ものでもない。自己変革したのであれば、メロスは再び〈単純な男〉に戻ることなどできないはずだ。〈単純な男〉に戻ることは、自己変革ではなく、自己欺瞞である。[46]

近藤は、「メロス」が簡単に「リセット」して走り出すのは、「自己変革」というより「自己欺瞞」としか言いようがないとしている。「メロス」は、自分の勝手な都合で、「竹馬の友」の命を危険にさらしている。であるなら、「メロス」が走るのは、友を殺させないためという、この一点でしかないはずだ。ところが、「もっと恐ろしく大きいものの為」と言う。「もっと恐ろしく大きいもの」とは何か。「名誉」[47]、「父の掟」[48]、「神」[49]、「信頼」[50]と諸説あるが、いずれも超越的な何かであることで共通している。

先に述べたように、相手や場面によって〈主体〉が変わりやすいというメロスの対他的な意識がこの時、「もつと恐ろしく大きいもの」という超越的なものにすり替えられているということは問題である。何が問題なのかというと、本来約束通りに戻ることは、「メロス」自身が引き起こしたことである。「身代りの友を救ふ為に走るのだ」と、語り手もメロスも一体となって「救う」としているが、そもそも「身代り」にしたのはほかならぬ「メロス」自身であろう。「セリヌンティウスに対する生殺与奪の権、つまり彼を生かすか殺すかの権利は、王でなくいまやメロスの手に渡ったことになる」[51]のであり、「身代り」にしておいて、それを「救う」というのは、あまりに身勝手ではないのか。倫理的に問題があると言っても過言ではない。それを語り手は「勇者」「正義の士」などとヒーローに仕立てようとしているが、「欺瞞」というほかはない。それればかりか、「愛と誠の力」といった大義・美徳、あるいは「ゼウス」といった「神」が持ち出されているのである。「人の命も問題でないのだ」と言ってはばからないように、〈走る〉という「メロス」の行為に見合うのは、あるいは、その時点での「メロス」の対他意識が向かうのは、「友の命」ではなくて、「神」といった超越的な存在なのである。他者によってその都度〈変容する主体〉という「メロス」に特徴的な「内面」からすれば、「神」「ゼウス」といった超越的存在を持ち出しても説得力に乏しいと言わざるを得ない。ここはやはり「友の命」以外の何かにすり替えてはならないだろう。「メロス」は「セリヌンティウス」に「悪い夢」を見たから「私を殴れ」と言う。しかし、詫びなければならないのは、途中から「友」のためでなく、別の目的で走ったことではあるまいか。「セリヌンティウス」からすれば、それは許されないことに違いない。

　さらに、強調しなければならないのは、その超越的なものも、エマニュエル・レヴィナスの言うような〈外部〉としての〈無限〉に開かれた絶対的なものと考えることはできず、あくまで彼の変わりやすい対他意識が生んだ、いわば〈自己化された他者〉の範囲でしかない、ということである。走る時の「メロス」の対他意識を支えた「もつと恐ろしく大きいもの」とは、〈自己化された他者〉なのである。自分の軽率さでまいた種を隠蔽し、あたかも超越的で崇高なものにすり替えて、自己の行動を正当化・美化することで、英雄たらんとする。自分の非を隠蔽する、さらに走ることの意味や理由を超越的な何かにすり替えるという点で、「自己欺瞞」は二重ですらある。しかも、語り手と「メロス」が一体となって、つまりそのような「メロス」を相対化するスタンスを語り手がとることはなく、感動的な大団円《クライマックス》を迎える筋立てになっている。語り手は、「メロス」の「内面」＝「自己欺瞞」を隠蔽するばかりでなく、読者を情緒的な「感動」に導こうとする。このテクストの語りの特徴は、「この主客の混交した主情的な文体は、意図されたものであって、読者に感動を与えるのはこのような文体の力にほかならない[52]」のであり、「主人公に情緒的に同一化させるような語りが採用されているという点[53]」に注意する必要がある。「悪い夢」だったと簡単に「リセット」し、読者にも「変革」したと思わせる語り自体に、このテクストの陥穽《かんせい》が潜んでいるのである。

　次に問題にしたいことは、「単純」な「メロス」が、愚直に、一途に「走ること」それ自体の意味を「メロス」が体現していることをどう見るかということである。

> 私は、信じられてゐる。私の命なぞは、問題ではない。死んでお詫び、などと気のいい事は言つて居られぬ。

私は、信頼に報いなければならぬ。いまはただその一事だ。走れ！　メロス。
私は信頼されてゐる。私は信頼されてゐる。先刻の、あの悪魔の囁きは、あれは夢だ。悪い夢だ。

「愚直」に走ること、「その一事」を追求することが強調されている。[54]「ああ、あなたは気が狂ったか。それでは、うんと走るがいい。」と「フィロストラトス」は嘆息するが、直後「言ふにや及ぶ。〔中略〕メロスの頭は、からつぽだ。何一つ考へてゐない。ただ、わけのわからぬ大きな力に引きずられて走つた」とあるように、「悪い夢」も「自己欺瞞」も振り払って、語り手は「頭は、からつぽ」な、ただ愚直に走る行為を「神と同列」〔(54) 参照〕に扱っている。

語り手は、読者にもこの熱狂的な行為への参加を促すが、それ自体にも問題がはらまれている。「メロス」のような自己中心的で、愚直で、しかも単純な男、つまりそのようなファナティカル（fanatical）、「熱狂的、狂信的な」ありようこそが、昭和一五年という、この時代の風潮に見合ったものだと考えるからである。ファナティシズム（fanaticism）は、ファシズム（fascism）へと容易に転化すると言ってもいい。先行研究の中には、この小説が昭和一五年発表であることから、当時の時代状況を持ち出し、先の「圧政への反抗」のような、台頭する軍部へ抗《あらが》う太宰といったことを指摘する向きもあるが、[55]一方で「メロス」は「よほど単純なテロリスト[56]」と評されてもいる。むしろ、後者の方が近いと思われる。本来、自己の都合でしかないものを隠蔽し、大義とすり替え、聖戦のためには「人の命も問題でな」く、手段を選ばない点では、構造上類似しており、しかも、それは雰囲気やムードといったファナティシズムによって遂行されようとする。「メロス」のような心的メカニズムこそ警戒しなければならないことは言うまでもない。「批判的」な中学生がいることにむしろ安堵する思いである。

4　『走れメロス』に教材価値はあるのか？

本書において取り上げた小学校・中学校において読まれる文学教材について言えば、ほとんどが学校にとって都合のいい「主題」が設定され、その「主題」のもと子どもたちは読まされているという側面は否めない。『走れメロス』とて例外ではなかった。というより、『走れメロス』こそ、そのような学校文脈の読み、制度化された読みの代表格だと思わざるを得なかった。中学生が「批判的」であっても、それは読めていないからだと烙印《らくいん》を押し、「成長物語」として読むことが強要されている。しかし、これまで見てきたように、テクストは、そもそも「友情」「信実」といった「主題」をなんら保障するものではない。百歩譲って、たとえ『走れメロス』が「友情」の物語だとしても、「友情」や「信実」なら、学校で教わらなくても、テレビやアニメでお馴染《なじ》みのテーマであるだろう。子どもにとって既有の認識を追認しているにすぎない。もし、「友情」や「信実」といった「主題」を読ませたいのなら、『真の知己』という〈寓話〉を復活させればいいだけの話である。中学生に「友情」「信実」の物語として『走れメロス』を読ませることは、制度的な読みに囲い込み、中学生を読みそのものから疎外させる結果となる。「メロス」は、そもそも「王を除かなければならぬ」「生かして置けぬ」と「王」を殺すつもりでいた。人を殺すことで、問題を解決しようとしていた。そして、大義名分のもとに「人の命も問題でない」と人命を軽視している点で一貫している。それでも「友情」「信実」を読もうとすれば、それは「友の命」以上のものということになる。このテクストに、「友情」「信実」を読んではならないと言い直さなければならない。「メロス」は自己中心的で、テクストには〈他者〉が不在(57)であるばかりでなく、語り手と「メロス」が一体となって、自己の欲望を大義にすり替え、

「自己欺瞞」を隠蔽し、ファナティックに突き進むという演出は、教育的なテクストとしては致命的な欠陥があると考える。

最後に触れなければならないのは、そのように大義に向かって、ファナティックに突き進むといった「メロス」は、結果的に「（暴君ディオニス）の権力強化[58]」に加担しており、それゆえ、翻ってアイロニカルに、この時代において「批評的な視座[59]」を確保していたという見方である。誤解のないように言わなければならないが、表面的に「圧政への反抗」「官僚主義による人間疎外にプロテストしようとし」［（55）参照］ていたというのではなく、「メロス」のような「単純」でファナティックな人間が、結局は体制を補完し権力強化に荷担する。そのありようを描き出すことによって、逆説的に、「その機構まで掘り下げた地点で描出し得ていた[60]」とする見方である。松本和也は、「幻の東京オリンピック」という当時の時代状況における言説を追っていくことで、そのことを証《あかし》だてようとする。たとえ松本の言を受け容《い》れたとしても、教材という点で言うなら、中学生にその地平に立つことまでも求めるのには無理があると私は考える。というのは、第一に、「権力強化の物語」まで読むには、「メロス」の「自己欺瞞」を読み込むことを経るものでなければならない。『走れメロス』においては、「友情」や「信実」がいかに虚妄かといった地平に立つことが求められる。それは、『走れメロス』に「友情」「信実」を素直に読むことと同じく、読みそのものから離れていくことになる。第二に、「権力強化の物語」を批評することは研究上興味深いが、読みの教育という観点で言えば、〈批評〉は〈批判〉でもなく〈非難〉でもないはずで、つまり文学の読みの教育においては〈批評〉の前提として共感なり感動なりがあることが条件となると考えるからである。言説を〈批判的〉に読むことの教育的意味を否定するものではないが[61]、文学の〈読み〉の教育である以上、〈感動〉のない〈批評〉には意味がないと考える。第三に、他者の不在である。これまで述べてきたように、語り手と登場人物が一体となって、

「愚直な」男をファナテックに語るテクストは、なんら矛盾や葛藤を抱え込むことなく、他者に向き合おうともしない。教材以前に文学としても価値の乏しいものだと言わざるを得ない。

一般に、教材研究とは基本的にはテクストの価値を引き出すためのものである。しかし、読みの教材としての価値を見いだせないのであれば、批判の対象とすることもまた教材研究の範囲なのではあるまいか。生徒から異論や批判が出ることは紛れもない事実であり、テクストそれ自体にも問題がある場合、学校文脈による制度的・体制的な読みから脱却し、場合によっては教材から外すことも教える者の責務であろう。

『走れメロス』を主人公主義・内容主義で読む限り「友情」「信実」という主題に疑問を持たれることはないだろう。しかし、メタレベルに立ち〈語り―語られる〉の関係を読むと、「友情」「信実」に疑問符がつき、「メロス」の自己欺瞞、他者性なきファナティシズムへの欲望、王の権利強化が前景化される。「主題」による読みを超えて、文学を文学として読む、他者に開かれた読みにするためにも、言語論的転回以後の言語観による読みを具体化することがここでも求められているのである。

【付記】本論における『走れメロス』の引用は、『太宰治全集第二巻』（筑摩書房、一九七五年）によった。ただし、旧字は改めた。

傍線は、丹藤による。

注

（1）『別冊国文学　太宰治必携』（學燈社、一九八〇年九月、九八頁）によった。初出は「作品解説」（『太宰治全集　第4

巻』筑摩書房、一九六〇年)。

(2) (1)に同じ。初出は「太宰治の一面」(『三田文学』一九四一年二月)。

(3) 『太宰治全作品研究事典』(勉誠社、一九九五年一一月、二三二頁)によった。初出は、「『走れメロス』鑑賞」(『国語通信』一九五九年五月)。

(4) 「解説」(『底本太宰治全集 第三巻』一九六二年五月、三一七頁)

(5) 熊谷芳郎「『走れメロス』(太宰治)の授業実践史」(浜本純逸監修『文学の授業づくりハンドブック 第4巻――授業実践史をふまえて――中・高等学校編』溪水社、二〇一〇年、四八頁)

(6) 高橋ひとみ「走れメロス(太宰治)」(浜本純逸・松崎正治編『作品別文学教育実践史事典 第二集 中学校・高等学校』明治図書、一九八七年、六五頁)

(7) 『実践国語研究別冊「走れメロス」の教材研究と全授業記録』明治図書、一九九一年一二月、九三～九四頁。

(8) 高橋俊三「中学校における物語・小説教材――『走れメロス』の例を中心に――」(井上尚美・田近洵一・根本正義編『東京学芸大学公開講座Ⅰ 国語科の教材研究』教育出版、一九八二年、二二七頁)

(9) 須貝千里『〈対話〉をひらく文学教育』有精堂、一九八九年、一八四頁。初出は、『教科通信』(教育出版、一九八八年二月)

(10) 三浦和尚「中学校における文学教材指導上の問題点――太宰治『走れメロス』の場合――」(『愛媛大学教育学部紀要 教育科学 第三九巻第一号』一九九二年、一二五頁)

(11) 近藤真は「今『走れメロス』を読むこと――授業を挑発に、授業を事件に――」(『日本文学』日本文学協会、一九九八年八月)で、「メロス擁護派」「メロス批判派」に分けている。

(12) 高木まさき「『走れメロス』、そのテーマとユーモアの二重構造」(田中実・須貝千里編『文学の力×教材の力 中学校編2年』教育出版、二〇〇一年、二三三頁)

（13）木下ひさし「メロスを教室で読む――読みの教材としての『走れメロス』――」（『日本文学』日本文学協会、一九八八年八月、五一頁）

（14）和田悦子「『走れメロス』論――読みの制度を超えて――」（『文月　第5号』大阪教育大学文月刊行会、二〇〇〇年一一月、三六頁）

（15）丹藤博文『他者の言葉――文学教育における批評行為の成立――』（学芸図書、二〇〇一年、一一七頁）。初出は、「読むという変形」（『日本文学』日本文学協会、一九九八年三月）。

（16）（1）に同じ、九七頁。初出は、「創作月評」（『新潮』一九四〇年六月）。

（17）山田晃「走れメロス」（『国文学解釈と鑑賞』至文堂、一九六〇年三月、七〇頁）

（18）寺山修司「歩けメロス――太宰治のための俳優術入門」（『ユリイカ』青土社、一九七五年四月、一三八頁）

（19）小谷野敦「恋愛と論理なき国語教育」（『文學界』文藝春秋、二〇〇二年五月、一六一頁）

（20）（9）に同じ、一八八頁。

（21）田中実『小説の力――新しい作品論のために』大修館書店、一九九六年、一二六頁。初出は、「〈メタプロット〉へ――『走れメロス』――」（『都留文科大学研究紀要　三八』一九九三年三月）

（22）（21）に同じ。

（23）角田旅人「『走れメロス』材源考」（『香川大学一般教育研究　第二四号』一九八三年十月）。また、九頭見和夫『太宰治と外国文学　翻案小説の「原典」へのアプローチ』（和泉書院、二〇〇四年）参照。

（24）田井英輝「ディオニスの改心――『人質』から『走れメロス』へ」（『日本言語文化研究　3』二〇〇〇年八月）、井上昌春「太宰治『走れメロス』をめぐって――『人質』との比較を主軸として」（『日本文学論叢33』法政大学大学院日本文学専攻委員会、二〇〇四年三月）参照。

（25）最近授業では、「比べ読み」から「リライト」へという実践が行われている。児玉忠「『リライト』のもつ教材性――

教材『走れメロス』における批評的読解と創作的読解――」（弘前大学教育学部国語講座編著『太宰へのまなざし――文学・語学・教育――』弘前大学出版会、二〇一三年）参照。
(26)（14）に同じ、三九～四〇頁。
(27) 相馬正一「太宰治『走れメロス』試論」（『日本近代文学』日本近代文学会、一九七六年一〇月、一六七頁）
(28) 二〇一三年四月段階で確認できたのは、『道徳5　希望を持って』（東京書籍）に掲載されている『友の命』（文・村岡花子）。また、同社「中学校道徳DVD」に『走れメロス』のアニメがラインナップされている。
(29) 市毛勝雄「『走れメロス』で何を学ばせるか」（『教育科学国語教育』明治図書、一九八五年一一月、一〇三頁）
(30)（29）に同じ。
(31) 小野正文「『走れメロス』の素材について」（山内祥史編『太宰治「走れメロス」作品論集』クレス出版、二〇〇一年）参照。初出は、『郷土作家研究』（一九七三年一二月）。
(32) 松本修「『走れメロス』の語り」（『宇大国語論究　第一三号』二〇〇二年二月）、石田慶幸「『走れメロス』――信実とナルシシズムの機構」（『国文学研究　第一四六集』二〇〇五年六月）、高塚雅「『走れメロス』論――〈内的独白〉の考察」（『中京國文学　第二五号』二〇〇六年三月）参照。
(33) 佐々木義登は、「勇者の条件――太宰治『走れメロス』論――」（『二松　22号』二松学舎大学大学院文学研究科、二〇〇八年、二二六頁）の中で、『走れメロス』の読みの変遷を以下のようにまとめている。「実際問題として読みの方向性が変化したのは、平成に入ってからのことである。信頼、友愛の賛美を下地にして次の段階へ、もしくはそこからの脱却をはかろうと、さまざまなアプローチが行われた。」
(34)（21）に同じ、一三四頁。
(35) 須貝千里「『悪い夢』問題――『走れメロス』受容史の焦点×国語科教育の課題――」（安藤宏編著『展望　太宰治』ぎょうせい、二〇〇九年）参照。

（36）田中実・須貝千里編『文学の力×教材の力　理論編』（教育出版、二〇〇一年）参照。田近と田中の〈語り〉についてのとらえ方の違いについては、全国大学国語教育学会第一一九回大会公開講座「文学教材研究の方法(2)」にて考察したことがある。

（37）（11）に同じ、五〇頁。

（38）戸松泉『小説の〈かたち〉・〈物語〉のゆらぎ――日本近代小説「構造分析」の試み』（翰林書房、二〇〇二年、三六一頁）。初出は、「走ることの意味――太宰治『走れメロス』を読む――」（『相模女子大学紀要　第五九号』一九九六年三月）。

（39）渡部芳紀は、「『走れメロス』の魅力」（『月刊国語教育』東京法令出版、一九九六年五月、一四頁）の中で、「メロスのなかの弱い心を提示した部分である。こうした弱さを克服してこそ真の信実が実現するのだろう」としている。また、実践論文としては、泉伸也「メロスの『弱さ』を読む一方法」（『月刊国語教育』東京法令出版、一九九〇年二月）参照。

（40）田近洵一「『走れメロス』論」（『月刊国語教育』東京法令出版、二〇〇〇年二月、一〇三頁）

（41）（40）に同じ。

（42）この場面の語りについて戸松泉は次のように指摘する。「メロスの眼に映る周囲の光景・自然描写によってしか語り手はメロスの変貌を語らない。いや語れないのである。メロスの内側だけのものとして描くしかないものであった。精神的な「自己変革」「自己克服」とか名づけるものではなく、メロスに潜在する〈信頼〉とは、こうした形でしか示されないという性格を顕示した表現なのではないか。」〈（38）に同じ。三六九～三七〇頁〉

（43）（38）に同じ、三六五頁。

（44）（38）に同じ、三六八頁。

（45）伊東一夫「走れメロス」（伊豆利彦・郷静子編『国語がつまらない』合同出版、一九七八年、九四頁）

（46）近藤周吾「『走れメロス』の〈話型学〉――典拠・教科書・解釈（後）――」（『日本近代文学北海道支部会報　第5

号』二〇〇二年五月、一六頁）

（47）（18）に同じ、一三八頁。

（48）玉置邦雄「『走れメロス』研究」（『人文論究』関西学院大学人文学会、一九七四年五月、四六頁）。

（49）（21）に同じ、一四一頁。

（50）（38）に同じ、三七一頁。

（51）安野光雅『ZEROより愛をこめて』暮しの手帖社、一九八九年、三九頁。

（52）東郷克美「『走れメロス』の文体」（山内祥史編『太宰治「走れメロス」作品論集』クレス出版、八二頁）。初出は、『月刊国語教育』（東京法令出版、一九八一年一二月）。

（53）永井聖剛「朗読と言語的多様性に関する一考察——太宰治『走れメロス』を教材として——」（大津雄一・金井景子編『声の力と国語教育』学文社、二〇〇七年、一七六頁）

（54）補助線として『女の決闘』（一九四〇年）という太宰の同時期のテクストをあげる。森鷗外訳、ヘルベルト・オイレンベルク作『女の決闘』の、所謂翻案小説であるが、「太宰の『小説』観がどういうものであるかを知るうえで多くの示唆を与えるもの」（東郷克美編『別冊国文学　太宰治事典』學燈社、一九九五年五月、五三頁）とされる。その中で、語り手は次のように言う。

けれども、いま、自分の女房の愚かではあるが、強烈のそれこそ火を吐くほどの恋の主張を、一字一字書き写してゐるうちに、彼は、これまで全く知らずにゐた女の心理を、いや、女の生理、と言ひ直したはうがいいかも知れぬくらゐに、なまぐさく、また可憐な一筋の思ひを、一糸纏はぬ素はだかの姿で見てしまつたやうな気がして来たのであります。知らなかつた。女といふものは、こんなにも、せつぱつまつた祈念を以て生きてゐるものなのか。愚かには違ひ無いが、けれども、此の熱狂的に一直線の希求には、何か笑へないものが在る。恐ろしいものが在る。女は玩具、アスパラガス、花園、そんな安易なものでは無かつた。この愚直の強さは、かへつて神と同列だ。（太宰治『女の決

闘』(『太宰治全集　4』筑摩書房、一九九八年、二二三頁)。ただし、旧字は改めた。〕

「一糸纏はぬ素はだかの姿」というのも、「メロス」を彷彿《ほうふつ》とさせるが、ここで注目したいのは「愚か」「愚直の強さ」は「神と同列」だとされていることである。このことは、『走れメロス』にも言えることなのではないか。また、同じ小説に次のような一節もある。

素材は、小説でありません。素材は、空想を支へてくれるだけであります。／原作に在るよりも、もつと身近かに生臭く共感せられたら、成功であります。〔同右、二二六～二二七頁〕

『走れメロス』の語りや「メロス」の言動には辻褄が合っていない箇所が複数あることを述べたが、この引用から窺《うかが》い知ることができるのは、「シルレルの詩から」とは言っても、『人質』自体は単に「素材」であり、辻褄が合っていなかったり語りが破綻したりしていても、「原作に在るよりも、もつと身近かに生臭く共感」させることができたら、それでいいということになる。物語中、古代イタリアで主人公が仏教語を発しようと〈作者〉にとって、大した問題ではなかったのである。他のテクストを根拠に『走れメロス』の辻褄の合わなさを説明するのは無理があると言われるかもしれないが、『走れメロス』の辻褄の合わなさは、〈作者〉が物語プロットや語りには無頓着だったということで辻褄が合うことになる。

(55) 三枝康高は、『文学教材の構造をつかむ読解』(明治図書、一九六六年、八四～八五頁)の中で、「作者は表だったいいかたで小説のなかへ、このナチスばりの『大政翼賛会』を批判するような言葉を書きこんではいない。けれども、『走れメロス』全篇をもって、上からの官僚主義による人間疎外にプロテストしようとし、あえて生ける人間性の樹立をうち出そうとしたのである」と述べている。また、岩崎晴彦「逆転の笑劇《ファルス》『走れメロス』――『神話』を『民話』に再転換する喜劇精神」(『文学と教育』文学と教育の会、二〇〇七年一一月)参照。

(56) 前田塁『小説の設計図《メカニクス》』青土社、二〇〇八年、一二頁。

(57) 『走れメロス』の他者性については、「テクストの〈空白〉とその読み――『走れメロス』(太宰治)――」(『教室の中の読者たち　文学教育における読書行為の成立』学芸図書、一九九五年)。初出は、『読書科学』日本読書学会、一九九四年七月）において「緋のマント」を捧げた「少女」について考察したことがある。なお、この点については、久松真司「『走れメロス』　主題解釈と教材性」（『国語教育論叢　第6号』一九九七年三月）参照。

（58）松本和也「太宰治『走れメロス』・一九四〇――ドイツをめぐる　同時代文脈を補助線に」（『ゲストハウス第1号』信州大学人文学部松本研究室、二〇〇九年四月、三七頁）

（59）（58）に同じ、三八頁。

（60）（58）に同じ、三八頁。

（61）丹藤博文「言説の教育――メタレベルを問題とする地平へ」（難波博孝編『臨床国語教育を学ぶ人のために』世界思想社、二〇〇七年）参照。

4 『故郷』（魯迅）

——地上の道のようなもの——

1 表象としての〈故郷〉

魯迅作『故郷』が中国の雑誌「新青年」に発表されたのは、一九二一年のことである。その頃、日本では〈故郷〉とはどのようなものであっただろうか。

故《ふる》　郷《さと》

一　兎《うさぎ》追いし　かの山
小鮒《こぶな》釣りし　かの川
夢は今も　めぐりて
忘れがたき　故郷

二　如何《いか》にいます　父母
恙《つつが》なしや　友がき

雨に風に　つけても
思ひ出づる　故郷

三　志を　はたして
いつの日にか　帰らん
山は青き故郷
水は清き故郷

一九一四（大正三）年の、六学年用の尋常小学校唱歌である。〈故郷〉とは近代の産物にほかならないが、出生の地としての〈故郷〉は、近代資本主義・立身出世主義・中央集権主義の時代の中で、東京批判などの意味を含みつつ（「故郷」とはあくまで自然あふるる地方・田舎にほかならない）、「父母」や「友がき」が生きる「清」く美しい空間として表象された。日本近代文学は「故郷」を憧憬と同時に帰ることができないという矛盾なり屈折した心情を描き出したのに対して、[1]唱歌や歌謡曲は懐かしく美しい〈故郷〉というイメージを手放そうとはしなかった。このことは昭和に入り、高度経済成長が終息するまで続いた。戦中・戦後を通して、日本人にとって「故郷」は「忘れがたき」対象であり、立身出世を果たしたうえで「いつの日にか」帰るはずの場所として表象されてきた。

それに対して、『故郷』における「私」にとっての〈故郷〉は、帰る場所ではなく「別れを告げ」なければならない場所である。ここでの〈故郷〉は、「鉛色の空の下、わびしい村々が、いささかの活気もなく、あちこちに横たわっていた。おぼえず寂寥の感が胸にこみあげた」というものであり、唱歌にあるユートピアのごとき日本の〈故郷〉とはあまりに対照的である。

それではなぜ「私」にとって〈故郷〉は懐かしさや恋しさではなく、「寂寥の感」がこみ上げてくるものなのかという問いが誘発されもしよう。もちろん、「私」にとっての〈故郷〉も、日本のそれのように郷愁を覚える懐かしい対象であったことは確かだ。「私のおぼえている故郷は、まるでこんなふうではなかった」と述懐し、「閏土《ルントー》」との幼い頃の思い出の舞台として思い返す〈故郷〉は、日本のものと遜色ないものである。

このとき突然、私の脳裡に不思議な画面がくりひろげられた——紺碧の空に金色の丸い月がかかっている。その下は海辺の砂地で、見わたすかぎり緑の西瓜がうわっている。そのまん中に十一、二歳の少年が、銀の首輪をつるし、鉄の刺叉《さすまた》を手にして立っている。そして一匹の「猹《チャー》」を目がけて、ヤッとばかり突く。すると「猹」は、ひらりと身をかわして、かれの股をくぐって逃げてしまう。

この少年が閏土である。

このように美しく、躍動感にあふれる〈故郷〉は、『故郷』においてはもはや過去のものでしかなく、『故郷』全体のなかでも、ここだけが異質である。

しかし、故郷の友であるはずの「閏土」は、すっかり変わり果てていた。「旦那さま！」という言葉は、故郷の友という関係を決定的に切り裂く。かつての「豆腐屋小町」は「頬骨の出た、唇のうすい、五十がらみの女」になり、自分を覚えていないことを知ると「さげすむような表情」を見せ「冷笑」する。自分の無心が受け入れられないとなると罵詈《ばり》雑言を浴びせるというほどの変わりようである。ここでも、読者は、ではいったい何故《なぜ》「私」の〈故郷〉はこんなに荒廃してしまったのか、故郷の人々はこんなにも打ちひしがれているのか、という問いを持たざるを得ない仕掛けになっている。

先にも触れたが、〈故郷〉とは近代の産物である。近代化のプロセスにおいて、〈故郷〉が生成されるのであって、その逆ではない。〈故郷〉を懐かしく想い〈故郷〉に帰れるのは、都会で成功を収めた場合に限られる。「楊《ヤン》おばさん」が、「私」をつかまえて、やれ「金持ち」になったの「知事さま」になったのと揶揄《やゆ》するが、これはむしろ「楊おばさん」のように受け取る方が普通だったのではないか。つまり、裕福な家柄で〈故郷〉から出ていったからには、都会で出世を果たしているのだろうということである。しかし、「私」は出世もせず(「むだの積みかさねで魂をすりへらす生活」)、なおかつ〈故郷〉も荒廃するという二重の不幸・悲劇がここには描かれている。それは、中国の近代化の破綻を示唆しているというようには読めないだろうか。

いずれにしても、教室で『故郷』を読むに際しては、「生まれ育った土地」という字義通りの意味ばかりでなく、〈故郷〉そのものの持つ文脈について補い、生徒の意識を喚起しておくことが有効なのではないかということを指摘したかったまでである。次に、近代化という文脈における〈故郷〉から、『故郷』それ自体の文脈を読むことにしたい。

2　行為する「私」

『故郷』は一九五三(昭和二八)年に、教育出版の教科書『中学国語(総合)三下』に登場している。以来半世紀以上にわたってこの国の中学生に読まれてきたことになる。足立悦男は「『故郷』をめぐる問題史」(2)として、教材としての『故郷』受容の歴史をまとめている。以下、足立の論文を手がかりに『故郷』の読まれ方を見ることにしたい。

昭和二八年といえば、国語教育の歴史上荒木繁が日本文学協会大会で「民族教育としての古典教育」を発表した年であり、国民文学論や文学教育という機運が高まっていった時期である。そのような状況が、この作品を教材として後押ししたことは疑いを容《い》れないだろう。冷戦構造や朝鮮戦争といった政治状況および現実変革・人間変革としての文学教育といった教育状況が、教材『故郷』を産み落としたとも言えるかもしれない。言うまでもないが、当時政治的には社会主義、思想・文学的にはマルクス主義が時代のメルクマールであった。新生中華人民共和国の作家の中でもその旗手たる魯迅の作品が「希望の文学」という意味を付与されたとしてもなんの不思議もない。

しかし、まさに同じ理由によってやがて『故郷』は教材としての魅力を失っていくことになる。そう足立は見る。それは、教育においては『故郷』の「希望の文学」という側面を強調しすぎたためだと言う。教材論としては『故郷』は「希望の文学」ととらえられており、「あまりにも『楽観的』にすぎたことが明らかになる。そのことで、『故郷』の教材としての魅力が、次第に失われていくことに[3]」なる。

七〇年代に入ると、「希望の文学」としての『故郷』は、批判的・否定的な評価を受けることになる。それは、「私」に対して向けられたものである。岩田道雄は次のように述べている。

> もう一つの問題は、「わたし」という人物の消極性です。ルントウやヤンおばさんに対する働きかけのなさです。傍観的、あきらめ的な姿勢です。黙って読ませれば、生徒たちの大部分は必ず「わたし」のこの態度を批判します。「ルントウ、そんなこと言うなよ。昔通り友達づき合いでいこうや。」となぜ呼びかけなかったのか。ヤンおばさんに対しても、どうして本当のことを説明しなかったのか。これは当然の疑問です。そうしてみて、な

おかつうまくいかなかったとしたら、その方がより悲しみやさびしさが深くなるし読み手の心をゆさぶるはずではありませんか。しかし、作者は「わたし」にそうさせません。「わたし」は「口を閉じて」しまうし、「口がきけなく」なってしまいます。〔中略〕私はここに当時の中国一般民衆の意識と、当時の革命的インテリゲンチャの意識との断層をみるのです。「わたし」は所詮革命実践家ではありません。町や農村に住み、その住民・農民と生活を共にしながら町や農村の生活改善と戦い、町の住民や農民たちの意識も変えていくという、現代的な革命実践家は当時まだ中国には出現していなかったし、それが出現しうる地盤も当時の中国の社会状況の中にはなかったのかも知れません。(4)

それまでの「希望の文学」といった扱いから「消極性」「傍観的、あきらめ的な姿勢」「『わたし』は所詮《しょせん》革命実践家ではありません」といった否定的な評価に変化している。このことに対して、足立自身はどう見ているか。

この批判を私は、ある程度正当なものと考える。なぜなら、指摘にあるように、「わたし」は何一つ現実を変えるための行動をしていない。たしかに、当時の「革命インテリゲンチャの意識」を典型的に実現した人物なのである。しかし私は、そのことに対する肯定、否定の批評が出ることに、実は「故郷」という作品の教材価値があったのではないか、と考えるのである。(5)

足立がここで述べていることは二つある。一つは、足立も「私」が無為の徒であり、「革命実践家」の名に値しないという岩田の見方に賛同していることである。いま一つは、「肯定、否定の批評が出ることに、実は『故郷』という作品の教材価値があった」とされるように「私」の「消極性」にこそ、教材価値を見出すということである。

現実変革のための「希望の文学」としての『故郷』は、この頃から、「消極」的な「傍観」者ということになり、「自己認識が決定的に欠けている」（宇佐美寛[6]）とか「故郷の人々にたいする『わたし』の嫌悪感。それと表裏をなす優越感、さらには差別意識ばかりが語られている」（千田洋幸[7]）といったように変奏されていく。

「わたし」は、自分自身を何だと思っているのか。「わたし」は、社会の中のどの部分に存在しているのか。「わたし」は、現実を変えるために今まで何をしてきたのか。〔中略〕このような問いを自己に対して問いかけ明らかにする自己点検の努力をしないで、他者であるルントウその他について語るのは軽薄であり傲慢である。[8]

宇佐美の「私」に対する評価は「軽薄」「傲慢」と手厳しい。

「『故郷』は生徒にはわかりにくい。歴史的背景の知識が欠けているからだ。」というのが通説のようである。それは違う。この作品が、だれにとってもわからないのが当然なのは、「わたし」が無責任・無自己だからである。まともに相手にして考えるにあたいする責任ある自己（self）を欠くあやしげな人物だからである。[9]

宇佐美にとって、『故郷』は「だれにとってもわからない」作品であり、その根拠は「わたし」が「無責任・無自己」だからとする。

そして、ここでも、足立は、「これらの批判も、『わたし』という人物の言動からみて、ある程度当たっていると思われる[10]」と評している。

また、千田は「わたし」を差別者とし「『故郷』というテクストそれ自体も、たんなる差別小説でしかありえない[11]」と断言している。その根拠としては、例えば「わたし」が「ヤンおばさん」を「コンパス」という「侮蔑的な語[12]」を用いているところに求めている。「コンパス」なる表現を実体的にとらえて、そこからテクスト全体を「差別小説」というように敷衍《ふえん》していること自体に問題があると私（丹藤）は考える。それではなぜ「コンパス」と表現したのか。管見によれば、これは「纏足《てんそく》」と関係がある。「ヤンおばさん」は「纏足用の高い靴」を履いていることから、「コンパス」のように見えたのであり、それは、とりもなおさず封建時代の遺物を身につけていることを象徴的に語ったものである。このことは後述するが、語り手である「私」が読者に伝えようとすることの一つに、封建時代への批判ということは認められると思う。しかし、そのことから、ただちに「差別小説」と言い切ることはできないと考える。

最近の教材論を参照しても、例えば田近洵一は「私」について次のように述べている。

> 「私」は、閏土と同様、あらがいがたく状況の支配を受けていたのである。そこに、「私」の究極の悲しみがあった。繰り返すが、主人公でありながら、語り手である「私」に関して見落とせないのは、彼がそのような自分自身をどう見ているか、すなわち制度としての自分自身の存在をどう相対化して見ているかということである。しかし、「私」＝語り手は、ことばを失った自分を相対化し得ないまま語っているのである。状況はそれほどだったのかも知れないが、ともかくも、この作品の場合、語り手としての「私」の自己相対化の視点の欠如は、十分議論の対象とすべきであろう。そして、そうすることこそ、重要な批評の読みである。それは、教室においても

田近もまた「『私』の自己相対化の視点の欠如」を言い、「自己認識」の欠如という宇佐美のとらえ方に近い見方に立っている。また、足立同様、「私」の「自己相対化」の欠如に、「読みを活性化する契機」を指摘するのである。

先に触れたように足立と田近に共通した見方は、「私」は自己相対化もできていないものの、そのようなこのテクストのありようにこそ、教材としての価値があるとするものである。宇佐美のように、「私」は「自己認識が決定的に欠けて」おり、他者に対して自意識を持って対応することができない。ゆえに、教材『故郷』について否定的な評価をせざるを得ない、このような理解の方がわかりやすい。というより、論理の筋が通っている。しかし、足立も田近も、宇佐美とほぼ同じ根拠から宇佐美とは逆な評価を引き出しているることになる。主人公は「消極」的で「自己相対化」もできていないが、しかし、そこに教材としての価値を見出すという見方は、やはり矛盾しているのではないか。足立や田近が、「私」が状況にコミットメントしていない消極性に教材価値を見るということの意味は、生徒たちがそのような「私」のありように対して、「〈私〉は、行動を起こすべきだと思います」と発言するとか「〈私〉のようになってはいけないと思いました。まず自分がどういう状況に置かれているかを知ることが大事だと思います」といったような内容のことを感想文に書く、つまり教室の読者たちが批判的な視点に立てるということを想定しているのではないか。「十分議論の対象」とし「重要な批評の読み」という言い方からも、そのように仮定してもあながち見当外れではないと思われる。

しかし、この点に『故郷』という具体的な教材を超えて、「教材」というものに対する看過できない問題があると考える。というのは、「私」に対して宇佐美も田近もほとんど同じ見方に立っている。宇佐美は「自己認識」が欠けているとし田近は「自己相対化」の欠如と言う。そして、足立もそれを否定しない。「ある程度当たっている」とする。しかし、このテクストの語り手であり登場人物である、つまり読みにおいて決定的に大事な「私」をめぐって同じ立場に立ちながら、作品の読みそのものはまるで違い、教材としての評価も正反対である。同じことを根拠に評価が異なるということは、やはり読みとして問題があると見るべきなのではないか。しかし、そこに教材としての価値が導き出されるということは、端的に言って、「教材として」とか「読者」の「批評」という言い方で、『故郷』それ自体の読みが放置されていると言わざるを得ない。さらに言えば、足立や田近が想定するような読者による批評なら、岩田や宇佐美が評価している生徒の読みに認めることができる。岩田も宇佐美も、「わたし」が閏土から「旦那さま!」と呼ばれても何の反応も示さなかったことに対して、生徒が批判していることを挙げているからである。(14) つまり、生徒による批評が喚起されるという理由で、教材価値を認めることとしてしまっていいのかという疑問を払拭できないのである。教材価値を言うなら読みそのものとして岩田や宇佐美とは異なるものでなければならないのではないか。なぜ「私」は「自己相対化」ができていないように読めてしまうのか、主人公としてもなぜ「口がきけなかった」のか、「消極」的とまで読者に映る理由とは何かといったことを読みとして示す必要があると考える。

では、「私」をどう読めばいいのだろう。これまで見てきたように、主人公である「私」への評価は低い一方で、教材としては読まれ続けているのが『故郷』である。しかし、先回り的に結論を言えば、私(丹藤)は、「私」が「消極」的であるとか、「自己認識」が欠けているとはまったく思わない。

岩田・足立・宇佐美・田近に共通する読み方は、語り手であると同時に登場人物でもある「私」を実体化するばかりでなく人格化さえしていることにある。「消極」的だとか「自己認識」が欠けているといった評価自体、語り手を人格化していることにほかならないわけである。もちろん「私」は登場人物である以上人格化を免れないのだが、強調しなければならないのは「私」の語り手としての機能面を捨象しているということなのである。「この『故郷』で大事なことは、語り手としての「私」をどう読むか[15]」であることは田近の言う通りである。しかし、その際の「どう読むか」は人物としてどう読むかというばかりでなく、「私」は語り手として、どう機能しているかを明らかにすることでもあるはずだ。機能としての語りを読む。このことが、これまでの教材『故郷』論に決定的に欠落していたのである。

それでは、機能としての語りに着目した時、『故郷』はどう読めるだろうか。

田中実は次のように把握している。

『故郷』は一人称小説、「私」という主人公は「私」という一人称の〈語り手〉であると同時に「迅ちゃん」と二人称で呼ばれ、作中に実体として登場してもいる。つまり、出来事を語る〈語り手〉＝叙述者でありながら、主人公として、母親、閏土、楊おばさんと同じ地平で登場する。[16]

つまり、看過してならないことは、「私」は登場人物であると同時に語り手でもあるということにほかならない。このことが、『故郷』の読みでは必須である。問題は、そのように構造化された語りがどのように機能するかということである。

〈語り手〉は「迅ちゃん」という主人公と一体化し、主人公のメタレベルに立たない。これによって「私」の思惑が一元的に表出する仕組みになっている。〔中略〕読み手は『走れメロス』や芥川の小説を読んでいるときは、プロットと語り手の双方を意図的意識的に読む必要があったが、『故郷』ではこれが一体化した小説、通常のプロットで読む小説として読めばよいが、ここには「私」の感慨が強く現れる仕掛けであるとことさら言っておきたい。[17]

「私」は、登場人物でありながら同時に語り手でもあることによって、「思惑が一元的に表出する仕組み」になっており、そのことで「『私』の感慨が強く現れる仕掛け」になっていることは強調されてよい。語り手は超越的なレベルには立たず、主人公と一体化することで感慨を読者にストレートに伝わる効果を狙っているということである。したがって、「私」が「傍観的、あきらめ的」に映るとしたら、それはあくまで語りの機能であり、それがこのテクストの戦略であるとしか言いようがない。「私」を実体的・人格的に判断するだけではなく、語りの機能がどのような効果あるいは行為性を獲得しているのかという二つの方向から読まれなければならない。

　語り手としての「私」をどうとらえるか、この地点に遡って読んでいくことにしよう。田中実は田近洵一との『文学の力×教材の力　中学校編3年』の「所感交感」において、「私」は田近の言うように「自己相対化」する視点を持ち得なかったのではなく、その逆で「状況を鋭く見据えている」と読むとしている。「三十年後の『でくのぼう』の閏土との甚だしい距離、違いを現すところに、この小説最大の仕掛けがあります。実は、それが中国の、限度を超えた悲惨さ、過酷さをきわめて鮮やかに表出させるという、心憎い魯迅独自の手法です[18]」とする。語り手が主人公と一体化するという戦略をとることで、読者にリアルに、ダイナミックに伝えようとするもの、それは冒頭示したような「故郷」が日本において表象されるような美しいものではなく、「限度を超えた悲惨さ、過酷さ」である。この点、田中は「読者に向けて〈語ること〉、これによって、かろうじて「私」は〈行為者〉たり得ていると、私は考えます」[19]としている。以下、この点について私見を述べたい。

先に、「私」の登場人物としての面と語り手としての機能面と双方から読まねばならないと言った。語り手としては、「迅ちゃん」という主人公と一体化することで中国の故郷の悲惨さ・荒廃ぶりを表出することを指摘した。そして、ひいてはなぜ美しいはずの故郷の人々はこうも荒《すさ》んでいるのか、ふるさとの友はどうして「デクノボー」のようになってしまったのか、といった問いとして読者に突きつけられるように語りは機能している。そして、「私」はなぜ何も行動をしないのかという問いとなって読者に届けられるのである。だから、そこで、「消極」的だとか「無責任」といったレッテルを貼るのではなく、なぜ何もし得ないのかに目を向ける必要がある。

なぜ故郷の荒廃ぶりを読者に伝えようとするのか。思うに、一旧友の零落ぶりから、広く当時の社会に読者の目を向けさせるためである。

私は暮らし向きについて訊ねた。かれは首を振るばかりだった。

「とてもとても。今では六番目の子も役に立ちますが、それでも追っつけません……世間は物騒だし……どっちを向いても金は取られ放題、きまりも何も……〔以下略〕」

かれが出て行ったあと、母と私とはかれの境遇を思ってため息をついた。子だくさん、凶作、重い税金、兵隊、匪賊《ひぞく》、役人、地主、みんな寄ってたかってかれをいじめて、デクノボーみたいな人間にしてしまったのだ。

ふるさとの友を「デクノボー」のようにしてしまう、それほど政治や体制が悪いという意味を言外に認めることができる。権力や体制への批判ということを、ふるさとの友という個人的な感情のレベルで読者は認識するのである。

冒頭示したように、生まれた土地を離れて生活する者にとって、〈故郷〉は「忘れがた」く、「友がき」はかけがえのないものである。それは、この『故郷』の回想シーンが表象するように「夢」のように美しくもある。〈故郷〉も〈旧友〉も二つとも失わなければならない「私」の「寂寥」は推して知るべしである。その心情の深さを読まなければならない。それは、語り手が「私」と一体化するという語りの構造によって、表面化しにくい結果となっている。しかし、「私」がどう感じたかよりも、読者に〈故郷〉の荒廃ぶりや旧友の零落ぶりがダイレクトに伝わる仕掛けになっていることを看過すべきではない、と思うのだ。だから、「消極」的だとか「無責任」だとかいう読みは、いかにも表面的もしくは一面的としか私には思われない。

この点田中実は次のように述べている。

世に『故郷』の主人公の「私」の「差別」や「無責任」とか「無自覚」に関する一見厳しい批判や見方があるが、筆者にはこうした『故郷』批判の言説が肯綮に中っているとは思えない。一人称の実体的「語り手」の「私」は少年と大人の閏土の距離の甚だしさ、その圧倒的な距離が現実として立ちふさがっていることをことばに発することができない、その出来事を語っているのである。「私」に関して何ら行動を起こしていないことへの自己批判のなさを読む考えがあるが、行動を起こしてどうにかなる世界では全くない[20]。

近代化以降、多くの人々の胸に生成される〈故郷〉は、「私」にとって、今まさに失われようとしている。

その心情の深さ、あるいはそのような〈故郷〉にしてしまった時代の重さを思う時、田中の言うように簡単に「行動を起こしてどうにかなる世界では全くない」のであろう。そして、語りが読者に向かわせようとするのは、そのような時代や社会になったのはなぜかという、これも個人では如何《いかん》ともしがたいような根深い問題である。だから、『故郷』にストレートに「希望」を読むというわけにもいかないのである。「私」の絶望の深さに思いを馳せ、語りの示す地平を凝視するところから「希望」を読み直さねばならない。

3 「希望」の物語？

冒頭触れたように、『故郷』は半世紀以上にわたって中学校国語教科書に採用されてきた。ここでは、次の四つの文献を中心に、教室ではどのように受容され中学生はどのように読んでいるのかを明らかにしたうえで、『故郷』の読みについて私見を述べたい。

［文献A］全国国語教育実践研究会編『実践国語研究別冊　魯迅『故郷』の教材研究と全授業記録』（明治図書、一九八六年七月）

［文献B］浜本純逸・松崎正治編『作品別文学教育実践史事典　中学校・高等学校　第二集』（明治図書、一九八七年）

［文献C］西郷竹彦監修・中村龍一著『文芸研　教材研究ハンドブック　中学校4　魯迅／竹内好訳　故郷』（明治図書、一九九三年二月）

［文献D］『月刊国語教育研究』（日本国語教育学会編、一九九〇年四月～二〇〇九年三月）

※〔文献D〕からは、『故郷』関連の文献を適宜参照した。

〔文献B〕において、『故郷』の執筆をしたのは松崎正治である。松崎は、伊藤始・小松孝太郎・麻生信子の三人の中学校教師の実践を取り上げている。伊藤と小松は、『故郷』の読みについて、次のように述べている。

伊藤「要するに、『故郷』は、故郷の人々を通して、中国の同胞に抱いた失望・寂寥感を、はるかなる『希望』に向けて描いた作品ということができよう」（一〇四頁）。

小松「『故郷』は決して悲観的な作品ではない。激しいまでの未来への期待である」（一〇四頁）。

両者とも「希望」や「期待」を読もうとしている点で共通する。

そして、それぞれ授業において、生徒はどのように読んだか。

伊藤実践

▽初発の感想「ルントウが、はじめて『わたし』に言った『だんなさま』ということばから、年月の恐ろしさと身分によって変わる人間関係とを痛切に感じた。そして身分の相違に勝てぬ人間の心の弱さを知ったようで、さびしく、悲しい気がした。」

▼まとめの感想「今、印象に残っている所は前と違う。『希望とは……それが道になるのだ』という最後の場面だ。〔中略〕そして、『道』とは『希望』にむかっていくための道、中国人のすすむべき道のことだと思う。」①

▽初発の感想「故郷に帰ってきて楽しい思い出をこわされてしまった『わたし』の心がわかるような気がする。この小説の最後のところがむずかしいと思う。この最後になんか大事な意味があるような気がするが、それが

なんだかわからない。」

▼まとめの感想「はじめのうちは、苦しい生活に追いやられている主人公達がやむなきにいたり、悪い行動をすることが悲しく思われた。〔中略〕そういう弱い人間に、そういうどうすることもできぬ苦しい生活に、人間の悲しさというものを強く感じた。」②

○小松実践

N子の発言「しかしあとの方ではもうルントウは出てこない。もうルントウには未練はないということだろう。けれども、故郷というもの、わたしを育ててくれた故郷には未練じゃなくて、希望を持っていきたい。そしてそれをこれから育っていくホンルやシュイション、若い者たちに託そうとしている。」③

中学生が『故郷』に「希望」を読もうとしているのは、教師がそれを意識しているからだと言うこともできる。しかし、教師の働きかけの如何に関わらず、中学三年生の『故郷』の読みの一般的な傾向として、「希望」を読んでいると言える。それは、次の［文献A］においても顕著な傾向である。

［文献A］は、［文献B］に比べて特に教師の側が「希望」を意識しているとは認めがたい。またとりたてて『故郷』という作品に応じた授業を目指したものでもない。「指導目標」は次の通りである。

主人公の心情を中心に、象徴的に表現された登場人物の描写や、自然描写などを注意深く読み味わいながら、主人公がどのような現実を見て、なんのために、どう生きたいと願ったかをとらえ、故郷や故郷の人々に対する主人公の考え方や生き方そのものについて自分なりの考えを持てるようにする。（一三三頁）

授業は複数の教師・教室により、場面ごとに一問一答を中心にしながら、詳細に読解していこうとするものである。

第十二時には、感想を書くよう指示が出され、一〇人の生徒の「作品」が載っている。しかも、留意したいのは、一〇人中八名の生徒がなんらかのかたちで「希望」に言及していることである。一部を抜粋する。

〈作品1〉「人間は、ある使命を持って生まれて死ぬ。それらが集まって新しいものが生まれるのだと思う。一人ひとりが心を通じ合わせ、力を合わせればきっと希望が実現できる。／わたしたちは自分の故郷の長所も短所もよく知っている。だから、わたしの故郷の「希望」を実現させる原動力にならなくてはならないと強く思う。」④

〈作品2〉「若い世代の私たちは、きちんとした希望を持って生きていかなければならないと思う。希望をし、それに向かって力を合わせれば、たいていのことは実現できる。」⑤

〈作品3〉「魯迅はこの時代の中国民衆の心の奥にひそんでいた「希望」に再び光をあて、希望実現へ導こうとする、まさに「道」のような人だと思う。／今わたしも、「わたし」のように、希望について考えてみると、私の持っている希望はあまりに現実的で、努力すればすぐそこまで手の届くもので、でもやはり手製の偶像かなと思うほど頼りなくて、考えさせられてしまいます。私のいう希望は高校に合格することですが、希望する高校に受かって努力すれば道は開けると考えて努力したいと思います。」⑥

〈作品4〉「私がこの時代に生きていたら、やはりルントウのようになっていただろうか。私はシュンのような生き方を選びたい。それが実現できなくて悩むだけかもしれないが、希望もなくその日ぐらしの生活をするよりは、苦しくても希望に向って苦労する生活を選びたい。／いろいろな望みを私たちは持っている。ただ望むだけではいけないことをこの小説は教えてくれた。それが現実のものとなるよう努力することだ。多くの人が力を合わせ一つの夢が実現できたらすばらしいことだと思う。最後に、自分の意志をしっかり持ちたいと思った。」⑦

〈作品9〉「故郷の変化に驚き、自分は社会を変えようと考えていた事をあきらめかけていた。しかし、その考えが、何の力にもならない単なる希望でしかなくても自分はやらなくてはならない。待っていたって希望は決してやってきはしない。だから、自分がまず、その希望に向かって歩き出せば、きっと多くの人々があとからついてきてくれるだろう。みんなは『希望への道』をどう歩いていいかさえわからないし、また、そんな気もないだろう。だからこそ自分がその道を歩かなくてはいけない。シュンが一番言いたかったことはこんなことだろうと思う。」⑧

多くの、いやほとんどの生徒は、『故郷』という教材を、「希望」を持って生きることをメッセージとして読者に送っているというように読んでいることは明らかである。幼馴染《なじ》みの「閏土」とは「隔絶」してしまったが、幼い「宏児《ホンル》」や「水生《シュイション》」を見るに及んで、若い世代には「希望」を持って生きていってほしいと願う。さらに、「思うに希望とは、もともと……」の文から、現実生活においても自分たちは「希望」を持って生きていかなければならないという教訓めいたことにまで及ぶのである。

実践研究における子どもの読みの実態を見る限り、『故郷』は高校受験を目前にした中学生に、「希望」の重要性を説いた文学作品として受容されていると言っていいだろう。中学校における『故郷』受容の実態は、〈希望〉の物語なのである。

それでは、中学生たちは、なぜ『故郷』に「希望」を読もうとするのだろうか。次に、このことを考えてみたい。

［文献A］で、第十一時に、登場人物について「印象的だった人に手をあげてみて下さい。何人に手をあげても良いですよ」と問いかけた場面がある。結果、「わたし」―20人、「ルントウ」―41人、「ヤンおばさん」―38人、「ホンルとシュイション」―9人、「母」―35人となっている。興味深いのは、「ルントウ」に対する関心が一番多いという点である。同じ時間に、「ルントウについてはどんな印象を持っていますか。自分とひき比べて考えてみて下さい」と発問している。それについて生徒は次のように答えている。

S　「だんな様」と言った時は、ルントウだってすんなり言ったんじゃないのでつらかったと思います。「喜びと寂しさの色」というところで「会えた喜びと身分差を感じた寂しさ」とやったけど、自分の貧しさや身分差なんかどうだっていいじゃないかとは他人のことだから言える。自分はつらいと思う。⑨

S　仲良く遊んでいた友達が卒業して三十年くらい経って、身分差とまでいかなくても、相手は会社の社長で、自分は職がなかったら、「おい、おまえ」って言えない。だからルントウばっかりせめられないなあ。⑩

S　でも生活の苦しさに負けてしまっているところはいやだった。⑪

最終的な感想文の中に「ルントウ」にまつわる記述をいくつか拾ってみよう。

〈作品4〉「私がこの時代に生きていたら、やはりルントウのようになっていただろうか。私はシュンのような生き方を選びたい。それが実現できなくて悩むだけかもしれないが、希望もなくその日ぐらしの生活をするよりは、苦しくても希望に向って苦労する生活を選びたい。」⑫

〈作品6〉「もし現在が、こんな時代だったら、私自身はどうしていただろうか。ルントウの立場だったとしたらでくのぼうみたいな人間になっていただろうか。私はいやだ。生活が苦しくなるのはがまんするとして、せめて、いやなものはいや、苦しい時は苦しいと叫べる人間でありたいと思ったはずだし、たとえ身分差があっても、久しぶりに会えた大親友に〝シュンちゃん〟と叫んでしまいたいと思う。」⑬

生徒たちが「ルントウ」に対して最も印象深く思っているのはなぜか。⑫と⑬からわかるのは、「ルントウ」を我が身に置き換えているということである。「私はシュンのような生き方を選びたい」「私はいやだ」という表現からも知ることができるように、自分は「ルントウ」のようにはなりたくないと心の中で思っているからである。別の言い方をすれば、幼い頃仲の良かった友達に大人になってから会った時に「身分差」を感じることを怖れているということである。「ルントウのようになりたくない」＝「将来、友達と会った時には対等な立場でいたい」→そのためには「希望」をもって「社会」や「現実」で努力するほかはない、という道筋をたどることになるのではないか。

「閏土」に強く印象づけられているのは、荒廃した〈故郷〉や時代に翻弄される旧友の零落ぶりを読者に強く印象づけるように語りが機能しているからである。その点、中学生は語りの構造にしっかりと反応していると言える。しかし、そのことが将来「閏土」のようにならないために、「希望」をもってがんばろうという読みを誘発している原因と考えられる。一方で、それ以後の「私」が故郷を離れる船上で瞑想《めいそう》する場面はほとんど読まれていない。「希望」「新しい生活」「道」は、一般的・抽象的な意味を出てはいないのである。②のように、「なんか大事な意味があるような気がするが、それがなんだかわからない。」と関心は示されていても、それ以上の追求はなされていない。しかし、むしろ必要なのは、帰途の船の中での「私」の瞑想であろう。

4 〈希望〉の意味

船の上で、「私」は「いま自分は、自分の道を歩いているとわかった」と語る。それでは、「自分の道」とは何か。さらに、「宏児」と「水生」は「新しい生活をもたなくてはならない」とあるが、「新しい生活」とはどのような「生活」か。授業記録を読んで懸念するのは、このことが抽象的なレベルのままで明らかにされていないために、「希望」をどう読むかに展開していかないということなのである。

思うに、「自分の道」と「新しい生活」とは、同じことを意味している。端的に言って、〈近代《モダン》〉ということである。〈近代的合理主義〉もしくは〈科学〉と言っても〈進化論〉と言ってもよい。なぜそう言えるのか。「自分」「新しい」とは、「閏土」や「楊おばさん」に対して向けられている。その「閏土」と「楊おばさん」は、中国王朝時代の封建的・儒教的因習に囚《とら》われた人間として表象されていることを強調しておきたい。〈故郷〉の荒廃ぶりを表すためであれば、「閏土」だけで十分である。だが、なぜわざわざ「閏土」登場の前に「楊おばさん」が出てくるのか。それは、「纏足」という中国に固有の、しかも連綿として続く古い因習が刻印されていることを読者に強く印象づけるためである。彼女を「コンパス」と語るのは、「纏足」を象徴的に表現するためなのである。「閏土」はどうか。「閏土」という名前自体、「閏月の生まれで、五行の土が欠けているので父親が閏土と名づけた」とある。つまり、これも中国古来の世界観もしくは風習を体現した人物なのである。また、「閏土」＝「銀の首輪」とされる、その「銀の首輪」とは、父親が「どうか息子が死なないようにと神仏に願をかけて、その首輪でつなぎとめてある」ものである。「楊おばさん」にしろ「閏土」にしろ、〈モダン〉以前の中国古来の世界観なり因習的な風習なりを体現した〈前近代《プレモダン》〉に生きる人物として表象されていることは注意されてよい。かつて「閏土の心は神秘の宝庫」（＝プレモダン）であるがゆえに「私」を魅了した。しかし、今は同じ理由により「旦那さま！……」と言い、封建的な主従関係を前提とするのである。しかも、〈プレモダン〉に生きることは「子だくさん、凶作、重い税金、兵隊、匪賊、役人、地主、みんなよってたかってかれをいじめて、デクノボーみたいな人間にしてしまった」ことの大きな要因をなすだろう。だから、「いま自分は、自分の道を歩いている」とは、そのような因習に縛られた「閏土」や「楊おばさん」とは違う〈モダン〉に生きているということを自覚したという意味である。そして、「宏児」や「水生」の「新しい生活」とは、古い因習から脱した〈近代《モダン》〉的な生活ということになろう。身分差を前提としつつ盗みを働く「閏土」、無心をし叶《かな》えられないとなると罵詈雑言を浴びせる「楊おばさん」。〈プレモダン〉そのままの生活に生きる人たちは、「心が麻痺する生活」から抜け出せそうもない。〈故郷〉における旧友の荒みようを目の当たりにして、「私」は近代化を志す自分とは「隔絶」してしまったことを認識し、「宏児」や「水生」には自分と同じ〈モダン〉による生活を望むのである。

しかし、この小説は、たんに〈プレモダン〉批判なのではない。刮目《かつもく》すべきは、次の言説である。

> 希望という考えがうかんだので、私はどきっとした。たしか閏土が香炉と燭台を所望したとき、私は相変わらずの偶像崇拝だな、いつになったら忘れるつもりかと、心ひそかにかれのことを笑ったものだが、いま私のいう希望もやはり手製の偶像に過ぎぬのではないか。ただかれの望むものはすぐ手に入り、私の望むものは手に入りにくいだけだ。

傍線部は、「閏土」＝〈プレモダン〉ということで説明がつく。しかし、波線部はどうだろう。「私はどきっとした」のは、自分の信じていた〈モダン〉も実は「偶像崇拝」つまり虚妄なのではないか、という考えに至っているからである。ここで起こっている出来事は、〈プレモダン〉では救われないけれど、〈モダン〉もまた福音とはならないのではないかという透徹した思考なのである。執筆当時の状況に即して言うなら、列強による帝国主義的支配の中で〈プレモダン〉はいかにも無力である。しかし、だからと言って、〈モダン〉による西洋的な国作りなり生き方なりが正しい方向と言えるのかどうかについて疑問を呈している。つまり、〈モダン〉の問題は〈モダン批判＝ポストモダン〉を内包しているということなのである。〈プレモダン〉は「偶像崇拝」だとして否定し笑うのはたやすい。しかし、それから脱却するはずの〈モダン〉も「偶像崇拝」だとしたら、どこにも「希望」を見出すことはできないことになろう。〈故郷〉を捨て、過去の美しい思い出さえも「急にぼんやり」とし、「悲しい」思いをし、これから建設していかねばならない〈モダン〉も虚妄かもしれないと悟った時、「私」にとって「希望」などと言えるものは「ない」のである。

教師も中学生も、未来へ希望をつなぐことがこの小説の言わんとすることだと受け取っている。受験を目前にした三年生がそう読むことを一概に否定するつもりもない。しかし、それなら、その程度のことなら、『故郷』でなくてもいいだろう。武田鉄矢のドラマ「金八先生」を観《み》せたり、アンジェラ・アキの歌「手紙」を合唱したりした方がとりあえず元気が出てくるというものである。『故郷』が教科書に掲載された昭和二八年頃は、時代として〈何はなくとも希望はある〉と言える時代だったのではあるまいか。しかし、今は〈何でもあるけれど希望はない〉という感覚が支配的だろう。大学生や高校生に就職口は見つからず、派遣切りに遭って公園で寝泊まりする若者が増える時代に、「激しいまでの未来への期待」は虚しい感じがするばかりである。それでは、まったく「希望」はないのか。それなら、『故郷』という小説それ自体も書かれることはなかったはずだ。それは、おそらくこういうことだろう。「むだの積み重ねで魂をすりへらす生活」をしている「私」にも、「打ちひしがれて心が麻痺する生活」をする「閏土」にも、いまさら「希望」などと呼べるものなどあろうはずもない。しかし、だからといって「宏児」や「水生」にまで、つまり未来においてまで「希望」はないと断言することはできない。自分たちにないからといって、「宏児」や「水生」にまで「ない」とどうして言い切れるだろうか。

つまるところ、『故郷』は「希望」が「ある」「ない」で読まれるべきではないのだ。ここまできて、『故郷』の読みは、ひとえに最後をどう読むかにかかってくる。

思うに希望とは、もともとあるものともいえぬし、ないものともいえない。それは地上の道のようなものである。もともと地上には道はない。歩く人が多くなれば、それが道になるのだ。

「希望」とは「あるものともいえぬ」のである。しかし、「ないものともいえない」。このことはどういう意味なのだろう。「小説の最後のところがむずかしいと思う。この最後になんか大事な意味があるような気がするが、それがなんだかわからない」という生徒の「大事な意味」とは何か。

私はこう考える。「希望」が実体として「ある」わけではない。「実体」としては「ない」けれども、だからといって「ない」とも言えない。これは、ソシュール以後の言語観を想起させずにはおかない。言葉も実体として「ある」とは言えない。しかし、だからと言って「ない」とも言えないのである。ここで、読者は冒頭の〈故郷〉に帰還した直後の描写に戻されることになる。

「きびしい寒さのなかを、二千里のはてから、別れて二十年にもなる故郷へ、私は帰った」と冒頭、語られる。誰にとっても、〈故郷〉とは懐かしく美しい対象であるはずなのに、「私」は「寂寥の感」を覚えずにはいられない。

私のおぼえている故郷は、まるでこんなふうではなかった。私の故郷は、もっとずっとよかった。その美しさを思いうかべ、その長所を言葉にあらわそうとすると、しかし、その影はかき消され、言葉は失われてしまう。やはりこんなふうだったかもしれないという気がしてくる。そこで私は、こう自分に言いきかせた。もともと故郷はこんなふうなのだ——進歩もないかわりに、私が感じるような寂寥もありはしない。そう感じるのは、自分の心境が変っただけだ。

〈故郷〉という対象を見て、「寂寥」を感じるのは、対象自体がそうなのではなくて、見ている自分の「心境」が変わったからだとしている。つまり、対象そのものを見ているのではなく、対象に自己を見ているというのである。ということは、〈故郷〉に「活気」を見出せないのは、自己に「活気」がないからだということになる。では、なぜ、〈故郷〉に「美しさ」「長所」を見出せないのかというと、今の「私」の「心境」には、そのような「言葉」がないからだとされるのである。「私」に「活気」なり「希望」なりという「言葉」がないから、〈故郷〉にもないということになる。ここで、問題とされているのは、「希望」がある・ないといった実在論〈モダン〉ではなく、世界は言語的に構造化されているという〈ポストモダン〉の地平である。『故郷』が凝視する地平は、一九二一年の時点で、〈モダン〉をどう超えるかどころではなく、〈ポストモダン〉をどう超えるかであるように思われる。〈モダン〉を考えることは、同時に〈ポストモダン〉を洞察することでもあったのだ。

〈希望〉を持って生きようと直截《ちょくせつ》的に表現するのであれば、他のメディアなり言説なりでも可能であり有効な場合もあると先に述べた。〈希望〉について言うなら、『故郷』を読むことは、むしろ〈絶望〉の側に立つということになる。『故郷』は〈絶望〉の深さにおいて読まれなければならない。もしそうであるとすれば、経済不況・格差社会・就職難・派遣切りといった〈希望〉を見出しがたい現代こそ、『故郷』は読まれなければならないのではないだろうか。「希望」が〈ある〉など安易に期待すべきでない一方で、〈ない〉と諦めて虚無主義《ニヒリズム》に陥ってもいけないということである。あるいは〈ある〉か〈ない〉かの境界に位置し続けるものでなければならない、ということではないのか。絶対主義も相対主義も斥《しりぞ》けて、〈実体〉と〈非実体〉、〈希望〉と〈虚無〉のあいだに身を置き、そこから立ち上がる第三の審級を希求する。そこに、「ない」ものとしての「希望」は、言葉の力によって「ある」ものとされる可能性が拓かれるのではないだろうか。

【付記】本論における『故郷』の引用は、『魯迅文集第一巻』（筑摩書房、一九七六年）によった。ただし、旧字は改めた。傍線は、丹藤による。

注

（1）近代文学における故郷への屈折した想いという点では、例えば次の詩があげられよう。部分的に抜粋する。
・「空をはるばる立ち出で、／日かす数多になりぬれば、／けふは帰らむ明日こそと、／思はぬ日とてなかりけり。」（宮崎湖処子『故郷を懐ふ』（『日本近代文学大系53　近代詩集Ⅰ』角川書店、一九七二年）。ただし、旧字は改めた。以下同様。）

・「嗚呼また都を逃れ来て／何所の家郷に行かむとするぞ。／過去は寂寥の谷に連なり／未来は絶望の岸へ向へり。／砂礫のごとき人生かな！／われ既に勇気おとろへ／暗澹として長なへに生きるに倦みたり。／いかんぞ故郷に独り帰り／さびしくまた利根川の岸に立たんや。」

〔萩原朔太郎『帰郷』（『昭和文学全集35　昭和詩歌集』小学館、一九九〇年）〕

・「ふるさとは遠きにありて思ふもの／そして悲しくうたふもの／よしや／うらぶれて異土の乞食《かたゐ》となるとても／帰るところにあるまじや」

〔室生犀星『小景異情』（『現代日本の文学　14　室生犀星集』学習研究社、一九七〇年）〕

・「これが私の故里《ふるさと》だ／さやかに風も吹いてゐる／心置なく泣かれよと／年増婦《としま》の低い声もする／あゝ　おまへはなにをして来たのだと……／吹き来る風が私に云ふ」

〔中原中也『帰郷』（『中原中也全集　第1巻』角川書店、一九六七年、四二頁）〕

（2）足立悦男「『故郷』（魯迅）をめぐる問題史」（『研究紀要　中国　第四五号』教育調査研究所、一九九二年一二月）

（3）（2）に同じ、五八頁。

（4）岩田道雄「故郷（魯迅作　竹内好訳）」（『国語の授業』児童言語研究会編、一光社、一九七七年八月、一三四～一三五頁）

（5）（2）に同じ、五九頁。

（6）宇佐美寛『国語科授業批判』明治図書、一九八六年、五〇頁。

（7）千田洋幸「魯迅『故郷』・〈教える〉ことの差別」（『文学と教育』文学と教育の会、一九九六年一二月、一一九頁）

（8）（6）に同じ、五〇頁。

（9）（6）に同じ、五八頁。

（10）（2）に同じ、六〇頁。

（11）（7）に同じ、一一三頁。

（12）（7）に同じ、一二〇頁。

（13）田近洵一「魯迅『故郷』における人間追求――反転する人間理解」（『文学の力×教材の力　中学校編3年』教育出版、二〇〇一年、三六～三七頁）

（14）宇佐美は次のような中学生の感想をあげている。「ホンルとシュイションが、とても仲良くなったので、〈わたし〉は、自分たちの子供のころを、見ているような気持ちになったろう。そして、〈わたし〉たちのようにならないようにと書いてあったが、私は、〈わたし〉のようになってしまうと思う」（（6）に同じ、五一頁。）

また、岩田については、本書一四三頁を参照。

（15）（13）に同じ、五〇頁。

（16）田中実「虚妄の希望・虚妄の絶望――『故郷』の〈ことばの仕組み〉」（『文学の力×教材の力　中学校編3年』教育出版、二〇〇一年、一六頁）

なお、後に、田中は「〈語り〉の領域――魯迅作『故郷』の読みを例にして――」（『月刊国語教育研究』日本国語教育学会、二〇〇三年一月、二八頁）の中で、『故郷』の語りについて次のように訂正している。「ところで、拙稿は肝心な所を訂正しなければならなかった。前稿では『「私」と自称する一人称の〈語り手〉＝叙述者と「迅ちゃん」と呼ばれる主人公との相関関係』と書いていたが、これでは機能としての〈語り手〉が行為する実体的作中人物となり、〈語り手〉論としては書き方に誤りがあった。これは、〝『迅ちゃん』と呼ばれ、『私』を自称して独白（モノローグ）する主人公を語る〈語り手〉〟と言うべきであった」

（17）（16）に同じ、一七頁。

（18）田中実「新しい研究分野の開拓――田近洵一さんへ」（『文学の力×取材の力　中学校編3年』教育出版、二〇〇一年、四七頁）

（19）（18）に同じ、四八頁。
（20）田中実「〈語り〉の領域――魯迅作『故郷』の読みを例にして――」（『月刊国語教育研究』日本国語教育学会、二〇〇三年一月、三三頁）

Ⅲ　言語論的転回以後の読みの教育

1　この教室に〈言葉〉はありますか？

1　言語実体論でも別に困らない！

言葉はあるものを指し示すための道具ではない。実体としてあるわけでもない。言葉が概念や事物をあらしめるのである。世界の見方を実体論から関係論へとシフトさせなければならない。このようなソシュール以降の言語論的転回は学校教育において、未だ広く行われてはいない、と私は考えます。言葉はどうみても鉛筆や消しゴムのようにモノとしてそこにあるわけではありません。実体として取り出せるものではないにもかかわらず、しばしば実体であるかのごとく扱われたりします。ソシュール言語学やウィトゲンシュタインの哲学を嚆矢《こうし》として言語に対する見方が転回してきたことは言うまでもないことですが、実際には学校での授業のみならず日常生活においても、われわれは言葉を実体化しがちなわけです。このギャップをどう考えたらいいのでしょう。

そのことを私は自分の授業で思い知らされました。言語論的転回を理解させておくことは国語科の学生にとって必要なことと考え、大学院生や四年生などにはソシュール言語学や構造主義について入門程度には話をしたりもしました。国語の授業においても言語実体論を問題視し検証するところから言葉の授業は考えなおさなければならない……。しかし、私の目の前の学生たちは困惑し納得できないという表情を示すばかりでした。言語実体論でも別に困らないと言わんばかりでした。私の目論見《もくろみ》はみごとに破綻《はたん》したのです。言語論的転回以後の文学教育を構想し具体化したいと考えている私にとって、このことは大変なショックでした。半期にわたる授業の失敗の原因を院生や学生に求めるつもりはまったくありません。私の教え方に問題があるのだろう。そう思いました。しかし、しだいに私は教え方云々《うんぬん》のレベルではなく、実は私自身が理解できていないのではないかという強烈な不安に苛《さいな》まれるようになりました。自分では実体論から免れているつもりなのに、実体化して読んでいると指摘されることがあるのです。

考えてみれば、院生や学生たちが言語を実体的にしかとらえられなかったとしても無理からぬことです。私自身も含めて、われわれは言語を実体化して生きていると言ってもいいのかもしれません。「ぼくのことをバカと言っただろ！」「言ってねーよ」「いや言った」といったように「言った」「言わない」のやりとりは日常よくあることです。「いじめ」をはじめとした暴力において言葉はしばしば実体化されます。法なども言葉の実体化と近い関係にあると言えるでしょう。大学や高校の入試にしても、本文に書いてある・ないといったように実体化します。文法を教えるのに実体化しないで果たして教えられるのか。読みの授業でも「どこに書いてありますか」と発問し、テストでは「本文中から抜き出しなさい」という問題を出したりもする。こうしてみると、むしろわれわれは言葉を実体化して生活しているといっていいのであって、非実体としての言葉というものを考えることの方が難しいことになります。これは今に始まったことではありません。この国では言霊《ことだま》信仰として、実体化されるだけでなく、現実的な効果を発揮するとも考えられてきたことは今更言うまでもありません。「言霊」なる語は『万葉集』の中に見いだすことができます。「南無阿弥陀《なむあみだ》仏《ぶつ》」と唱えれば極楽浄土へ行けると信じていたことも歴史の教えるところです。また、現代においても日本人は言霊信仰から脱却してはいないようです。選挙の前に「カツ丼」を食べる政治家をテレビで見たことがあります。子どもらだって合唱祭や体育祭の前に「キットカット」（きっと勝つぞ）というチョコレートを全員で食べていました。受験シーズンになると「うかーる」といった合格祈願を意識したネーミングの菓子がスーパーに山積みされています。連綿として続く言語実体論・言霊信仰の文化の中で非実体論に立とうと言われてもなかなか了解できないわけです。

実体ではないのに実体として扱い、道具ではないのに道具と見なしている。これが言語生活の実態なのであって、非実体として言葉の教育の問題を考えようと言われても、ただちに納得ができないことの方が自然なのでしょう。しかしながら、それでは、言語実体論のままでいいのでしょうか。言語実体論で本当に困らないのでしょうか。このことを次に考えていきたいと思います。

2　認識論的転回

実体化して何がいけないの？　別に言語論的転回など知らなくとも困らない！　という反応に私は答えなければなりません。そのためには言語論的転回の意味、つまり言葉を非実体として読むことの意味を考える必要があります。その前に、国語教育における論点を少し整理したいと思います。

言葉を扱う際、まず言葉を実体化のままとするのか、非実体化として扱うのかという分かれ道が生じます。これが第一の分かれ道。次に第二の分かれ道があります。すなわち、非実体なのだからテクストには還《かえ》れない、還れないから読みは不可能とする立場と、それでも読みを追究するという立場です。前者はテクスト論と言えばわかりやすいかもしれません。後者はテクスト論的アナーキズムを批判する立場でポストテクスト論としておきましょう。これだけならわかりやすいのですが、中には実体論に依拠しつつテクスト論的な手法を用いる読みもあったりします。自覚的である・ないを問わず、よく検討してみるとこのカテゴリーに属する読みが多いように思われます。「語り」や「構造」などの用語を用いていながら実体論的であったりする読みです。先に私は、国語教育においては未だに言語論的転回は果たされていないと言いました。この点については異論があろうかと思います。つまり、九〇年代の新学力観に象徴されるように、国語教育でもポストモダン風の言説が流布されたことがある、その頃に、主流とはならなかったかもしれないが、読みは作品にあるのではなく読者主体にあるというように、それまでの客観主義を否定するパラダイムチェンジが図られた、とする見方です。作家・作品主義から読者論へといった方向性が強く言われた時期でした。しかし、国語教育においてこのようなポストモダン的な言説は、言語を非実体とするという立場に立ちきれておらず、実体論を引きずったままシフトしようとしたところに問題があったと私は考えます。問題などというものではなく、陥穽《かんせい》に陥ったと言ってもいい。実体論に立ったままテクストと言ったりするというおかしな事態が生じてしまった。このために、読みは読者のうちにあるから自由だというように誤解され、独善的で恣意的な読みが出されても、教師はそれを追認するだけといった誤った授業が現出するようになったりもしました。また一時期その関心や意欲があれば評価されるという新学力観的言説にも対応できなかったのだと思います。また一時期そのようなパラダイムチェンジを遂行させようとする言説が流布したとしても、教育現場では、言語論的転回とは無縁のところで、相変わらず「主題」を措定したり「作者」に還元して読んだりする読み方が圧倒的なわけで、やはり国語教育においては言語論的転回はおろか構造主義革命もなにも成立してはいなかったのだと言わざるを得ないと考えます。

話題を元に戻します。「テクスト」と言おうと「語り」と言おうと、言語実体論に依拠したままでは、言語論的転回を経ていないのであるから、これは読みのアナーキーですらない。「エセ読みのアナーキー」と呼ばれたりしますが、似て非なるものだと私も考えています。「エセ読みのアナーキー」よりは「真正（？）アナーキー」の方がまだマシだと言うこともできますが、「真正アナーキー」で良いのかとなると話は別だと思います。このことは後に問題とします。読みをいささか類型的に分別してみました。そのこと自体にあまり意味はないかもしれませんが、私がここで言いたかったことは、言語実体論に依拠したままでポストモダンの衣装を纏《まと》うことは事態を混迷させるだけであり、非実体論に立ちきらなければならないのではないかということです。それができないのなら、「テクスト」ではなく「作品」と言えばいいのであり、客観主義に引き返すほかはないでしょう。

次に、われわれが言語実体論の世界で生きているとしても、非実体とする言語行為にもし意味があるとしたらどんなものかを考えていくことにします。モノやコトがあって言葉が伝達するのではなく、言葉がモノやコトを現《あ》らしめるのだとソシュールは示唆しました。「虹」の色が英語圏では六色、日本語では七色、ネイティヴアメリカンは三色とするのは、「虹」という実体があって「ニジ」という言葉があるのではなく、見方が文化によって異なるとしか言いようがない。ここにある問題が生じることにもなります。二つ指摘したいと思います。

一つは、世界共通の物理的現象であるはずの「虹」一つとってみても、文化によって好き勝手に世界を見ているということになる、読書行為についても同様のことが言える、という問題です。読みも、好き勝手に読んでいるという事態から免れることはできません。しかし、どう読んでもいいということでいいのでしょうか。「エセ読みのアナーキー」よりは、アナーキーをまず追究すべきだという立場はありうると思います。

しかし、文学の読みの教育においては、ここにある難問が生じることになります。つまり、読者の主体性ということです。読者か作品かといった葛藤は戦後の文学教育でも繰り返し問われてきたことでした。子どもの主体や個性は尊重されるべきだし、そこに教育的意味の一半はあると言ってもいい。読みはその子にとってその子なりの表現であったりもするわけです。しかし、そうであればこそ、好き勝手に読んでもいいなら、その子どもは読書行為から何も学ばないことになってしまうと考えます。子どもの主体・個性を尊重しようとすればするほど子どもは学びから遠ざかってしまうという逆説的な事態が生じてしまう。読書の醍醐《だいご》味《み》は、いま・ここの世界とは別の世界へ往き、異質な他者に出会って驚いたり発見したりする、自己の認識や価値観が揺さぶられるような体験をすることにあるでしょう。このことにそんなに異論はないと思います。とすれば、言葉によってモノやコトを認識していく、あるいは世界を構造化していく行為に必然的に孕《はら》まれる、自己化という問題をどう克服するのかといった課題が急浮上してくることになります。言語論的転回を引き受けて、それ以後の読みを模索することは、読みや認識という行為に不可避なこととして孕まれる自己化からいかに逃れるのかという問題を引き受けることであります。このことは、とりもなおさず異質な他者に出会えるのかという認識論の転回を追究することになります。言語論的転回以後の言葉を問題とすることは、われわれの認識という行為そのものにかかわることだと言っていいでしょう。非実体の言葉は実体としての言葉に対する抗《あらが》いでもあるはずです。

二つ目は言語の獲得や認識に孕まれる自動化・固定化の問題です。言葉によってわれわれはモノやコトに直接的に触れたりしなくとも認識できるようになっている。その意味で言葉は、やはり便利でありがたいものです。私たちは「虹」を見て、いちいちあれは何色かと悩むこともない。先験的に日本の文化圏で暮らす以上「七色」として教えられたりもする。しかし、このことは、逆に言えば「虹」自体をろくに見ることなく「七色」として自動的に認識してしまうということでもあります。つまり、言葉は便利で認識の領域を広げやすい反面、直接的な体験から遠ざけてしまい、世界を見る仕方を自動化・固定化してしまうという面も否めないわけです。「虹」が「七色」だという認識は日本語圏で生きる以上絶対であり、それに慣らされてしまう、見ているのではなく見させられているという点も看過できない。このような事態が文化や伝統としていやおうなくわれわれの生活に根を下ろしているわけです。このような事態から逃れることは容易ではありません。しかし、認識行為は言葉によるのであってみれば、そこから逸脱するのも、いや別の新たな世界を見ようとするのも言葉による以外にはないのでしょう。

報　告

さつき火事だとさわぎましたのは虹でございました
もう一時間もつづいてりんと張つて居ります(1)

昔、この詩を読んだとき、正直私は困ってしまいました。「虹」なら「七色」として疑うことはなかったのですが、「火事」だと言われてどうしても理解できなかった。「虹」なら、それまで何度も目にしてきたはずです。しかし「火事」だと思ったことは一度もない。ただ、今にして思えば、この詩によって私は「虹」というものを見るようになった。言葉によって獲得された認識は言葉によって更新・変容されるほかはないのでしょう。

言葉の獲得と言葉による認識に孕まれる自己化・自動化・固定化を問題としてきました。しかし、「虹」を「七色」だとする日本人の文化をこそ教えるのが教育だという立場・意見があることも承知しているつもりです。それは実体論で十分可能な範囲でしょう。しかし、これまで述べてきたように、子どもたちが自ら世界を見ていく仕方を変えようという認識論的な転回を追究するのであれば、一方で相対化する行為も必要なのではないか。それこそが非実体としての文学の役割なのではないかと言いたいと思います。

3　実体論の陥穽

次にもう少し具体的に読むことにおける実体論と非実体論の差異について述べたいと思います。国語の教科書にも掲載される『注文の多い料理店』を対象とします。『注文の多い料理店』については、須貝千里さんが「現実―非現実―現実」という構成把握でいいのかという問題提起をしておられます(2)。作品中「風がどうと吹いてきて、草はざわざわ、木の葉はかさかさ、木はごとんごとんと鳴りました」という一文が二か所あり、あいだに挟まれている部分が非現実で、ちょうどサンドウィッチのような構造になっているとこれまで読まれてきました。例えば小森陽一さんは「『風がどうと吹いて』くれば、賢治の世界では、異世界の入口の徴《しるし》です(3)」と述べています。この構成把握の仕方は「風が……」の一文を実体化していることにほかならないでしょう。「現実―非現実―現実」という実体的な構成把握は『注文の多い料理店』論の歴史の中でも自明なこととして措定されてきたと言えます。しかしそうだとすると、現実の世界で「泡を吐いて死んで」しまった「白熊のやうな犬」が、非現実の世界で生き返るという矛盾した事態が起こることになります。「現実―非現実―現実」という実体把握では、説明のつかない事態なのです。このことは「現実―非現実―現実」という構成把握が無効であることを端的に示しています。それでは、「風がどうと」は何を意味するのでしょうか。私は、これは「山猫」が登場したことの表象であると考えます。作品集『注文の多い料理店』の一等最初に位置する『どんぐりと山猫』において、「一郎」は「山ねこ」から「はがき」をもらい会いに行くわけですが、次のように語られます。

そのとき、風がどうと吹いてきて、草はいちめん波だち、別当は、急にていねいなおぢぎをしました。
一郎はおかしいとおもつて、ふりかへつて見ますと、そこに山猫が、黄いろな陣羽織のやうなものを着て、緑いろの眼をまん円《まる》にして立つてゐました。(4)

作品集『注文の多い料理店』をはじめから読んだ者には、「風がどうと」の表現は、「山猫」の登場として既知のことなのです。しかも、「一郎」は「紳士」同様、「ふりかへ」ることによって山猫を発見することにも注目されてよいと思います。というのも、『注文の多い料理店』においても、紳士たちは「ふりかへ」ることによって山猫軒を発見し、「ふりかへ」ることで注文の文字に行き当たる仕掛けになっているからです。紳士たちは一郎同様、ただなにげなくふりかえったのではなく、背後に山猫の気配を感じるからこそ、ふりかえっているのです。もちろん、だからといって、これまでのような山猫が紳士を懲らしめる話というのではありません。紳士たちは、多義的な「注文」の文字を自らの欲望によって解釈していくのであって、恐ろしい目に遭うのは紳士たちの自業自得なわけですが、山猫という山の神のごとき存在に見入られ誘導されていることも確かなのです。紳士たちははじめから「非現実」の世界に彷徨《さまよ》い込んだのでした。この話は、「すつかりイギリスの兵隊のかたち」をした紳士たちが、西洋料理を食おうとして食われそうになるものですが、紳士としての装いを少しずつはがされていく話でもあります。紳士たちは「紳士」としての化けの皮をはがされ裸同然になりますが、それでも虚栄心を捨てることなく東京へ帰ります。そんな彼らの内面は彼らの顔を「紙くづのやうに」したとしてもなんの不思議もありません。従来の「現実—非現実—現実」の構造把握では、「山猫」を「紳士」が懲らしめたという二項対立でしか読めません。それは、「風がどうと」を実体的に読んでいることに起因すると考えます。そのように実体論的な読みから解放されることがここでも求められていると言えます。（なお、『注文の多い料理店』については、本書「Ⅰ」章の「3 『注文の多い料理店』（宮沢賢治）——第三の視線——」参照）

4　文脈と語り

しばしば国語教育界では、「文学言語」といった用語が用いられることがあります。しかし、実体として「文学言語」なる言葉があるわけでないことは自明です。小説のテクストにあるからといってそれをただちに「文学言語」としてカテゴライズすることには無理がある。結局文学であるかないかは読者の判断でしかないのではないか。しかし、どうもそうとばかりも言えない。新聞には新聞の、小説には小説の言葉の仕組みはある。では、「文学」を「文学」と読者に思わせるものは何なのでしょうか。それが〈文脈〉なのだと考えます。「〇〇文庫」とか「××全集」とか書店の文学コーナーにおいてある、作者名が文学史のテキストに載っているなど、広くコンテクストと言われることも含めてもいいわけですが、ここでは「実体性としての第三項」という意味に限定します。

言語論的転回以後の読みを考える時、言葉は非実体と見なすことになります。読み手という主体とテクストという客体があって、テクストは実体ではない以上読者のうちに現象することになります。しかし、テクストは実体ではないから還れないとしても、主体と客体のあいだに実体性を想定できるのではないか、あるいはそう仮定しよう。それが〈文脈〉だと私は考えています。文脈はそれこそ実体としてあるわけではありません。しかし、文脈はテクストに機能していて、読むうえでは重要な働きをしているのではないでしょうか。だから、つい「文学言語」などと言ってしまいがちなのです。それは、主体のうちにはもちろん属しません。客体としてのテクストにもはっきりと認められません。だから、第三項なのです。読みにおいてこのことを強調しているのは田中実さんですが、大沢真幸さんも「第三者の審級」[5]といい、茂木健一郎さんも主観と客観との関係を問題とし「クオリア」[6]なるものを提案している。また、内田樹さんは村上春樹さんを引用して「三者協議」もしくは「第三者」としての「うなぎ」[7]を強調しています。主体と客体の二元論を超える第三項が模索されているのです。このことはいくら強調してもしすぎることはないでしょう。読みで言えば、実体的な語り手ではなく、機能としての語りを問題とすることが肝要だということになります。

以上のことを私の授業に触れながら考えてみます。次の文章をお読みください。

> 近代において共同体がくずれ、いやでも「私」という存在を意識せずにはいられなくなった。人間は「私」という存在に悩んだ。「私」の存在は「他者」を出現させ、共同体にかわり世間というものが現れた。「私」というものがありながらも、「私」は「他者」によって定義された〈私〉でしか世間で生きることができない。その葛藤が『人間失格』では表現されていると私は思う。『人間失格』をはじめて読んだ時、私は涙した。葉ちゃんに対し、また太宰に対してではない。自分自身を思い、涙した。私は明らかに道化であったからだ。そのことに気付かず、いや気付かないふりをし、「私」はいつのまにか〈私〉の存在におびやかされるようになり、いつしか〈私〉が生きているようになっていた。とても恐ろしいことだった。元々私は親のいいつけをやぶらなかったし、期待にも応え、いつでも望まれることを望まれるようにこなした。それでしか、自分の存在価値を実感で

きなかった。「私」を奥底へしまい、誰にも見られないよう、誰にも興味を持たれないよう、ある時は無関心に、ある時はおもしろおかしく、葛西愛という人物を演じた。それが義務のように思えたし、何より人が怒るのを見るのが恐ろしかった。しかし、演じるがゆえに悩みは増えた。他人が求めているのは「私」ではなくて〈私〉である。「私」の存在は周囲・世間を裏切っていて、それを知られてしまったら、一体どうしたら良いのか見当もつかない。絶対に知られてはならない。『人間失格』を読み、「私」の存在を思い出した時、後悔した。気付かなければよかったのかもしれないと。私は太宰ほど強くない。偽りをごまかし、「私」であるかのようだが、「私」は〈私〉を嫌っている。〈私〉のままで生きることができなくなってしまったが「私」でも生きられない、死ねるほど強くない。『人間失格』は太宰の人生の思いがつまっているように思う。人間がわからない、自分だけが他人と違うのではないか、そして他人から狂人・廃人と刻印されればそうならざるを得ず、「私」なんて関係ない、それでも「私」いや〈私〉が必要な人間としての生活の苦悩が如実に表現されていると私は思う。

〔葛西愛（仮名）・本人の許諾を得たうえで、字句を訂正しました。〕

本学で私が担当する「国文学史概説」（三年）の答案の文章です。授業は近代の文学史を概説しつつ「〈私〉をめぐる言説」というテーマを設定して、いくつか近代の小説を事前に読ませ意見・感想を述べ合うというものでした。『高瀬舟』『山椒大夫』『破戒』『それから』などいくつか扱いましたが、『人間失格』は最も学生の反応が鈍く、批判的な意見しか出てきませんでした。私としては折しも「桜桃忌」が近く三鷹の禅林寺のことなど思い出しながら嬉々《きき》として話をするつもりでしたが、『人間失格』の不人気にただ驚くほかはありませんでした。「ちゃんと働いたらどうですか」とか「こういう主人公は好きになれない」といった意見ばかりで、「だれか好意的な意見の人はいない？」と促しても誰も手を挙げませんでした。気勢を削《そ》がれた私は次へ進むほかはなかったのです。

しかし試験に、授業で読んだ作品から一つ選んで「〈私〉をめぐる言説」というテーマで論述しなさいという問題を出したところ、予想に反して『人間失格』で書く学生は多かったのです。人前で主人公に共感しようものならあらぬ誤解を受けるかもしれないという自意識が働いたのでしょうか。葛西もその一人です。葛西は私のゼミの学生です。いつも快活に笑い、「いやー、今日もしゃべりたおしました」と饒舌《じょうぜつ》な女子です。ゼミでも人の二倍や三倍は話している。一方で、奨学金をもらいアルバイトをして学費を自分で賄《まかな》うなど、生活面では苦労もしているようです。ただ、授業は欠席や遅刻が多く、単位をいくつか落としたりしていることも事実です。だから、彼女の文章はおもしろく読んだけれど、意外な感じはしませんでした。いつもテンションが高すぎ、無理して装っているのが傍からもわかるからです。

私が、ここに葛西の文章を挙げた理由を申し述べます。葛西は「葉ちゃん」と自分を、道化を演じているという点で同一視し、演じる〈私〉と本当の「私」というようにもう一人の私を意識しています。〈私〉は本当の自分ではないけれど、親や友人や世間で生きていくには〈私〉であるほかはない、それ以外の自分など「見当もつかない」と認識しています。それはそれでいいのですが、「『人間失格』をはじめて読んだ時、私は涙した。葉ちゃんに対し、また太宰に対してではない。自分自身を思い、涙した。」と述べている点には、先に指摘した自己化の傾向が見られます。作品を媒介にして自己への認識を深めるということは読みにおいて必要なことですが、そうであればこそ「葉ちゃん」はなぜ道化を演じる生き方しかできなかったのかとか、「神様みたいないい子でした」をどう読めばいいのかとか、テクストに関わっていく必要があったのではないでしょうか。「葉ちゃん」を同一視するだけでなく、差異にも目を向けるべきだったのだと思います。また、先ほど第三項のことに触れましたが、葛西の読みには第三項が必要だと思いました。葛西は自分と主人公との関係でしか読んでいない。主人公を語る語りを意識できたら葛西は、自分＝「葉ちゃん」という読み方を相対化できるのだと思います。ほかならぬ葛西自身の文章がそれを求めています。なぜなら、「それでしか、自分の存在価値を実感できなかった。「私」を奥底へしまい、誰にも見られないよう、誰にも興味を持たれないよう、ある時は無関心に、ある時はおもしろおかしく、葛西愛という人物を演じた。それが義務のように思えたし、何より人が怒るのを見るのが恐ろしかった。」と述べているからです。つまり、彼女は〈私〉ではなく「私」として自分の「存在価値」を実感したがっているのです。しかし、一方で〈私〉ではなく「私」としての自分をさらけ出すことを恐ろしくも感じている。これでは、つまり読む「私」と主人公との関係だけでは、どうにも身動きがとれない。それだけでも『人間失格』を読んだ意味はあると言えるかもしれません。ただ看過してならないと思うのは、ほかならぬ葛西の文章自体が〈私〉と「私」との関係に気付くばかりでなくそこに満足できず、むしろ抜け出すことを望んでいるのではないかということです。

　学校という制度において、あるいは授業において、言葉は実体化されている以上、実体化のままでも別に困らないというのが実際のところでしょう。また、実体論から抜け出すことも容易なことではありません。しかし、これまで見てきたように非実体論には非実体論の意味なり意義なりはあると私は考えます。いや、日常生活や学校生活においては言語実体論の方が幅を利かせているからこそ、せめて国語の授業では非実体による言語行為を遂行する必要がある。言葉を非実体とし、それゆえメタレベルを問題化できるのが文学といわれるテクストではないでしょうか。そこで言葉は作者の意図を伝えるための「道具」ではありません。実体化し「何」が書いてあるかを考えるといったレベルでは読みは深まっていきません。道具や実体化の呪縛《じゅばく》から解放され、それ自体自立した言語表現としてなにかしらの出来事が起こっている。そのような実体から解放された言葉のユートピアに子どもを参入させたいと思います。

【付記】傍線は、丹藤による。

注

（1）宮沢賢治『春と修羅』（『【新】校本宮澤賢治全集　第二巻　本文篇』筑摩書房、一九九五年、三一四頁）

（2）須貝千里「『不完全』な世界を生きていくために」（『〈新しい作品論〉へ、〈新しい教材論〉へ　2』右文書院、一九九九年、二七三頁）

（3）小森陽一『最新　宮沢賢治講義』朝日新聞社、一九九六年、二二七頁。

（4）宮沢賢治『どんぐりと山猫』（『【新】校本宮澤賢治全集　第十二巻　本文篇』筑摩書房、一九九五年、一三頁）

（5）大沢真幸『思想のケミストリー』（紀伊國屋書店、二〇〇五年）参照。

（6）茂木健一郎『心を生み出す脳のシステム――「私」というミステリー』（日本放送出版協会、二〇〇一年）参照。

（7）内田樹『村上春樹にご用心』（アルテスパブリッシング、二〇〇七年）参照。

2 〈死者〉の言葉
——文学教育の（不）可能性を問う——

1 なぜ「物語」なのか

1
日時：２００８年12月27日（土）13時03分
件名：クリスマス・ニュース
25の建物がイスラエルに空から攻撃された。
建物はすべて木《こ》っ端《ぱ》微塵《みじん》にされた。死者はすでに推定２５０人に達する。
負傷者は何百人にものぼるが貧弱な設備しかないガザの病院では、彼らは行き場もない。
電気も来ないが、ディーゼル発電機でなんとかこれを書いている。
世界にメッセージを送るために。
携帯電話もすべて使用できない！「イスラエル軍は特殊電波を発信して携帯の通話を妨害していた」

32　日時：2009年1月10日（土）20時31分
件名：ガザ攻撃15日目
どこもかしこも死が覆っている。

昨晩の空襲は70回以上、さらに今日は30回！　これらの空襲で何百人もの子どもたちや女性が死んだ！

このすさまじい破壊のさまは、あなたがたには想像できるまい。

人々はこの引き続く爆撃にとても耐えられない。

いくつもの家族が爆撃された建物の瓦礫《がれき》の下敷きになって一家全滅した！


二〇〇八年一二月二七日から翌年一月一八日まで、イスラエル軍によるガザ地区への攻撃があった。難民を含む一四〇万人もの市民が、完全封鎖の中、外部との通信も遮断されたままで無差別に攻撃を受けた。右記引用文は、ガザ在住の大学教授サイード・アブデルワーヘドが、電気も携帯も使用できないなかで、自家発電機を用いながら世界に向け発信したメールの一部である。メールを受け取った岡真理らが日本語に訳したものが一冊の本にまとめられた。それが『ガザ通信』（青土社、二〇〇九年四月一〇日）である。「0」（2008／12／27）から「46」（2009／2／19）まで、アブデルワーヘドのメールと破壊された街と悲しみに暮れるガザの人々（大半は女性や子ども）の写真が掲載されている。

なぜ『ガザ通信』の引用からはじめたのかと言えば、アブデルワーヘドの言説の中に、次の一節があったからである。


爆撃で身体に障害を負った子どもたちや女性たちの話にも事欠かない！　ショックやトラウマで心理的な手当

てを必要とする者たちについての話もある！　通りのそれぞれにたくさんの物語があり、家族それぞれにもいくつもの物語があるのだ！

さらに、本書の後書き「ガザの悪夢」は次のように結ばれている。

何百人もの乳幼児と子どもたちが殺され、ほかの何百人もの子どもたちが肉体的、そして精神的に障害を負い、トラウマを負った！　状況はすさまじくむごたらしい！　あらゆるメディアが報道し衛星チャンネルが放送したとしても、依然、ガザには、いまだ語られていない物語があるのだ！

イスラエル軍の非道ぶりを世界に知らしめ、即時停戦を意図するなら、「事実」を正確に発信することが必要であるだろう。実際、氏のメールはそのことを半ば達成していると言える。しかし、アブデルワーヘドは「すさまじくむごたらしい」現実を目の当たりにして、「あらゆるメディア」や「衛星チャンネル」ではなく、「物語」だと言っている。無差別攻撃にさらされ死んでいった、あるいは負傷した人たちの悲しみなり憎しみなりの感情を表現するためなら、「歌」や「詩」でも可能ではないのか。なぜ、アブデルワーヘドは、自らもいつ死傷するかもしれない状況において「物語」と言わねばならなかったのか。

高度情報化社会となり、メディアが発達して瞬時に世界中の人とコミュニケーションできる世の中になっても、「物語」が要請されねばならないとするアブデルワーヘドの言葉は、ポストモダンと言われる今日における「文学」（ここでは「物語」）とは何なのか、何のためにあるのかといった根源的な思考を私たちに迫るものとなっている。

では、アブデルワーヘドの言う「物語」とは何なのか。

とうてい現実をそのまま受け入れることはできない。そのとき現実を、どうにかして受け入れられる形に転換していく。その働きが、私は物語であると思うのです。(1)

小川洋子の言う「物語の役割」を、ここでは「そのまま受け入れることはできない」だろう。一九四八年のイスラエル建国以来続く、ユダヤ人によるアラブ占領とレイシズム（人種差別）にもとづく「民族浄化」は、すでに六〇年にも及ぶ。いつ終わるとも知れない難民暮らしの中で、さらに「ガザ」のような迫害を受けているという歴史的事実は「現実を、どうにかして受け入れられる形に転換していく」ことを容易に許さないと思われるからだ。まして、われわれは世界中で読まれる『アンネの日記』や映画『シンドラーのリスト』のヒットによって、ユダヤ人が強制収容所で大量虐殺されたという事実を知っている。しかし、そのユダヤ人が数年後には同じことをアラブ人にしているという事実を、どうやって「受け入れられる形」にしたらいいのだろう。アメリカの圧倒的な軍事力を背景に、住む土地も人権も、そして命まで不当に奪われようとしている「現実」は、「物語」によって救済されうるのだろうか。

アブデルワーヘドの言う「物語」の意味は小川の「物語の役割」とは異なり、「現実」上の次元にはないと思われる。小川が別の個所で「私は、自分の小説の中に登場してくる人物たちは皆死者だなと感じています(2)」と言うように、アブデルワーヘドが「物語」と言う時、「死者」のことが念頭にあると推測しても間違いでないと思われる。「死がガザを覆い尽くしている」「どこもかしこも死が覆っている」と繰り返されるように、本書に横溢《おういつ》しているのは、暴力であり破壊であり、〈死〉なのである。「いまだ語られていない物語」

とは、死んでいった者たちの「物語」なのではあるまいか。謂《い》われのない攻撃を受け、理由もわからず死んでいった市民たちのことは、いったいどうなるのだろう。そう考えた時、「物語」が要請されたのだと考える。アブデルワーヘドの言う「物語」[3]は、〈死〉を抜きには考えられない。つまり、アブデルワーヘドの言う「物語」とは〈死者〉たちの言葉であった。〈死者〉たちのことを物語ることによって記憶せよと言いたかったのではないか。

2　言語実体論批判

近代化の産物としての「国語」、戦後教育の前提としての「科学」、この百年にわたる国語教育において、死者たちの言葉としての物語はどう位置づけられるだろう。科学的な知見では、〈死〉とは〈無〉にほかならないだろう。戦後の教育が「科学」的知見に依拠する以上、教育で〈死〉を扱うことは、むしろタブーなのである。もちろん、「科学」から脱却すべきだなどと言いたいわけではない。「科学」的実体主義ではそもそも「物語」は読めないのではないかという問題を提起したいのである。ここで、言葉は、その発生において〈死〉と分かちがたく結びついていることを指摘しておきたい。

人間が他の動物たちをはるかに凌駕《りょうが》するかたちで〈記号的なもの、あるいはシンボル的なもの〉の次元に関わることができるようになった理由は、私たち人間が〈死ぬ〉ということを知っているからである。死を意識しているからである。[4]

湯浅博雄は、死の意識が人間に言葉の獲得をもたらしたとする。というのも、「所与のままの自然（その一部である自分）に向かって〈否（ノン）〉を言える人間、つまり直接性を拒み、否定する能力としての人間である。それが、主体＝主観としての人間なのである」[5]とされるからだ。つまり、人間は直接性を拒否したがために言葉を必要としたということである。自然物が不在となったり無になったりすることを意識するがゆえに、その代わりとなるものが要請されたのである。それが、これまで「シーニュ」「シンボル」「記号」と呼ばれたものである。したがって、シンボルとしての言葉は、あくまで「間接性＝媒介性の次元としてのみ働き、作動する」[6]と考えねばならない。

このことは、言語学上もはや自明なことだと言われるだろう。しかし、一般に、あるいは日常的に用いられる言語は実体化されがちであることは否めない事実である。ソシュールは、この点を強く批判した。

> 言語は形態であって、実体ではない。ひとはこの真理をいかにふかく体得しても充分ということはない。なぜなら、われわれの用語法の誤りはすべて、言語上の事がらを示すわれわれの不正なやり方はすべて、言語現象のうちに実体があるとする不用意の想定に由来するからである。[7]〔傍線は、原文のまま。〕

つまり、言葉は指示対象と切れているのであり、実体化してはならない、「形態」（フォルム）のレベルにとどめておかねばならない、非在なものを存在するかのごとく扱ってはならない。しかし、通常の、あるいは日常の言語は、言葉を実体化して扱う傾向が強い。このことを〈第一の言語論的誤謬〉と呼んでおきたい。

記号なり言葉なりが指示対象とは切れているとすると、記号・言葉はシニフィアンとシニフィエの関係性によって意味をなすということになる。これも、ソシュールが注意したように、シニフィアンとシニフィアンとシニフィエの関係は「恣意的」なものである。つまり、どのシニフィアンとどのシニフィエが結びつくかは、「自然」なものとは限らない。「サクラ」がなぜ「サクラ」なのかに根拠は認められない。さらに、その関係性は相対的なものであり、「サクラ」が「サクラ」であるのは、「ウメ」でもなければ「モモ」でもないからだとしか言いようがない。しかし、「ウメ」ではなく「サクラ」だとするのは、その民族や国民の習慣的・文化的な約束事だということになる。「ウメ」よりもこぞって「サクラ」を観《み》に行くというようなことだ。しかも、人間は、相対的な関係にしかないものを必然化し、価値を認めようとする。「ハナ」といえば「サクラ」を意味し、美しいがはかなく散っていくものといった意味だけでなく、国のために若くして散っていくことの潔さといった価値を付加しようとしたりもする。しかし、これもシニフィアンとシニフィエの関係は「自然」なものでもなく、必然的なものでもない、相対的なものだというテーゼに反する。これを〈第二の言語論的誤謬〉としたい。

国語教育の言語観はどうだろう。

管見によれば、〈第一の言語論的誤謬〉に陥っており、〈第二の言語論的誤謬〉の危険性を孕《はら》むものである。というより、〈第二の言語論的誤謬〉と戦前においては無縁ではなかったと言ってもいい。軍国主義的なイデオロギーを具体化するために、特定の価値観を表象するためには〈第二の言語論的誤謬〉が利用され、そのためには〈第一の言語論的誤謬〉も自明のものとされた。そして、二〇〇八（平成二〇）年度版学習指導要領において「伝統的な言語文化」の重視が謳《うた》われていることは周知のことである。国語教育は、〈第一の言語論的誤謬〉と〈第二の言語論的誤謬〉を、むしろ歴史的に、強化する装置となっていたし、今日においてもその危険性がなくなったわけではない。言語論的転回以後の言語観に立たねばならない所以《ゆえん》である。

3 「テクスト論」を超えて

「センセイ! おっしゃっていることはだいたいわかったのですが、では評価はどうするのですか?」「そんな難しいこと言わなくても、子どもたちは毎日物語を読んでいますよ。」……、そんな声が聞こえてきそうである。しかし、私にとって、「文学教育の可能性を問う」と言った時、文学の可能性とは、まずは言語非実体論への言語観の転換(言語論的転回)が必須であるとしか考えられないのである。われわれの言語活動、そして国語教育においても、言語は実体化される。しかし、少なくとも「文学」と呼ばれるテクストを対象とする場合、非実体としての言葉の活動が求められなければならない。というのも、いまだに「作者」が読みの起源として存在し、作家の伝記的な事実が引き合いに出され、「作者は何を言いたいのか」「どこに書いてあるか」等々、日々の発問から入学試験に至るまで、〈第一の言語論的誤謬〉が支配的だからである。

それでは、「作者」を切り、「作品」概念を捨て、「テクスト」へと移行していった「テクスト論」はどうなっているのだろう。このことを一瞥《いちべつ》しておくことにしよう。

ロラン・バルトは、テクストを還元不可能な複数性とした。読みは、テクストには還《かえ》れないということである。テクストには還れないということは、「作者」はもちろん、ここにこう書いてあるという実体化はできないということである。テクストが還元不可能なものだとすると、これまで「テクスト論」ではどう対処してきたか。管見によれば、次の三つに分類できる。

①テクストに還れないならテクスト(の本文)そのものを問題にするのはやめて、広く「文化」へ展開しようとする。所謂《いわゆる》「カルチュラルスタディーズ」と呼ばれる態度である。

②テクストの表層に関わって外部のコードを引き寄せ、テクストを批判していこうとするやり方である。

これは、コンテクストよりコードを優先するばかりでなく、言説〈ディスクール〉のイデオロギー性を問題とすることから、専らイデオロギー的批評へ展開していくことになる。

③テクストは問題にするけれども、カノンとしての読みに複数性を対置しようとするものである。たとえアナーキズムに陥ったとしても、カノン化するよりはマシだというのであろう。これは、テクストの実体化から脱却していないように見受けられる。

上記の三つの立場に対する私見を述べる。①は、〈第一の言語論的誤謬〉には対応しているが、文化に広がるために文学の問題とはならない。②は、〈第二の言語論的誤謬〉に対抗できるが、〈第一の言語論的誤謬〉に足下を掬《すく》われる危険性がある。イデオロギーを批判すること自体、イデオロギー性を免れないからである。③は、〈第二の言語論的誤謬〉を避けるために〈第一の言語論的誤謬〉にとどまろうとするものであり、根本的な解決にはならない。

「テクスト」は、「テクスト論」においては、「作者」を切るだけで再び実体化されるか、還れないからといって「テクスト」そのものを読もうとはしないかのいずれかなのである。テクスト論者自身が「近代文学研究ではすでに『テクスト論』は過去のものとなっている。[8]」（石原千秋）と述べているように「テクスト論」は限界を迎えている[9]にもかかわらず、石原によれば、「教室では与えられたテクストの表現だけを頼りに読まなければならない国語教育にとって、『テクスト論』はまさに有効な方法であり、立場であるはず[10]」とされる。管見によれば、石原は③に相当する。つまり、「作者」は切って「テクストの表現だけを頼りに」読むばかりで、肝心の非実体としてのテクストという問題に対応しきれていない。そしてこれまでのテクスト論では、当然のことかもしれないが、教育における読むことの意味、読みの発達といったことはまったく考慮されていない。端的に言って、ポストテクスト論を考えねばならないと思う。いま、問題なのは、言語非実体論に立ちながら、還元不可能な複数性をどう考えるかということにほかならない。

この実体論による読みとテクスト論による読みを、中学や高校で必ず教材化されている『平家物語』で簡単に見ておくことにしたい。

私の経験で言えば、高校で『平家』というと、生徒はただちに「仏教的無常観」とステレオタイプに反応する。『平家』ばかりでない、『方丈記』にしても『奥の細道』にしても、たいていの場合生徒にとって古典とは「無常観」なのである。「義仲」や「敦盛」の死は、この世ははかなく移りゆくものという主題や教訓に還元される。古代の人々が現代のわれわれに何らかのメッセージを送っており、それを受け取ることが読むことだとする近代的な解釈学と同じ図式を適用して読まれている。つまり、実体論的に把握されているのが実態である。

では、テクスト論的に読むとどうなるか。『平家』は、「情緒的な連帯」として機能する装置であった、つまり鎌倉幕府の権力維持というイデオロギー装置として機能したとされる(11)。もし、そうだとすれば、そのようなイデオロギーに無自覚なままに感情移入したり「情緒的な連帯」に加担することは、とうてい認められないということになり、まして、そのことを組織的に具体化している国語教育なるものの虚妄性が批判されねばならないということになるだろう。

実体論的に「仏教的無常観」なるテーマを措定してそれを確認するだけでは、『平家』を読んだことにはならない。そうかといって、権力装置としての『平家』のイデオロギー性を暴くといったことを教育内容とするわけにもいくまい。

4 〈第三の言語観〉へ

高度情報化社会もしくはネット社会の今日においても、「物語」が必要だとアブデルワーヘドは言う。「いまだ語られていない物語がある」とは、奇妙な言い方だが、「物語」を考えるうえで示唆的だと思う。この二、三〇年文学研究や文学教育をリードしてきたのは、理論であり批評であった。それまでの「作家」の伝記的事実を根拠にしたり、些末《さまつ》な資料を参照したりする方法は説得力を持ち得なくなり、テクストそれ自体を自立した言語表現として読む可能性が拓《ひら》かれた。構造主義批評・記号論的批評・脱構築的批評などの批評や物語の構造分析・受容理論といった理論が文学を読むための要件となった。物語の内容よりもテクストの構造・言説の分析が主流となった。そのこと自体は、テクスト内の物語内容を相対化する視点をもたらしたり、テクストと読者の関係性への着目といった新たなシーンの生成に寄与したりしたと言っていいだろう。しかし、「家族それぞれにもいくつもの物語があるのだ！」「いまだ語られていない物語があるのだ！」とアブデルワーヘドが言う時、少なくとも、彼の言う「物語」は、構造分析の対象でもなければ、イデオロギーの装置でもない。理由もなく死んでいかねばならなかった人々の言葉に耳を澄まし、彼らのあったはずの生活を見ることをわれわれに促すものである。物語を主題に閉じ込めたり、イデオロギー批評のために利用したりするのではなく、読み深めることによって死者たちと交感してくること。ここでの構造分析の役割は内容的に読み深めるための手段であって目的ではない。

『平家物語』にせよ、実体としてあるわけではない以上、「いまだ語られていない物語」として「ある」ものである。「義仲」や「敦盛」も、〈死者〉であることから絶対的な他者であり、実在はしない。しかし、『平家』の読者にとっては、実体として「ない」からといって「ない」とは言えないものなのではあるまいか。「ない」ものを「ある」ように現前化させるのが「語り」であり、物語を読むことなのだと考える。語りによって表象される登場人物たちと出会い、彼らの思いなり感情なりもふくめて〈死者〉たちの生きた意味を回復せよ、アブデルワーヘドはそう言いたかったのだと私は思う。

　言葉は実体ではないことは、自明である。にもかかわらず、その使用において実体化される傾向を免れない。それは、文学の読みの授業においても不可避な事態である。意見を言ったり、話し合いをしたり、感想を書いたりするとどうしても言葉は実体化されがちである。しかし、それでは、これまで見てきたように読みは表層をなぞるものでしかない。「作者の意図」を忖度《そんたく》したり、道徳的な「主題」を与えるというパラダイムにとどまるほかはないと言わざるを得ない。とすれば、国語教育は、というより文学教育は、実体でない言葉を実体でなく読むことができるのかという問題に取り組むことが不可欠なのではあるまいか。還元不可能な複数性という事態にどう対応していけるのかが文学教育の前提であり、また目的ともなる。そうなると、教室で文学を非実体として読むことは、果たして可能なのかという問いを持たざるを得なくなる。つまり、「文学教育の可能性を問う」とは、とりもなおさず「文学教育の不可能性を問う」ことにほかならない。私自身は、この「不可能性」に向き合いながらも、実体として「ある」わけではないが、かといって「ない」とも言えないという第三の言語観に立ちつつ、物語における〈死者〉たちの言葉を聴くにはどうしたらいいのかを考えたいと思っている。

【付記】傍線は、特に断りのない限り、丹藤による。

注

（1）小川洋子『物語の役割』ちくまプリマー新書、二〇〇七年、二五頁。
（2）（1）に同じ、六七頁。
（3）ここでの「物語」とは、野家啓一の言うような「概念図式」「理論的枠組み」（『物語の哲学——柳田国男と歴史の発見』岩波書店、一九九六年）といったことでなく、書かれたテクスト一般を指す。
（4）湯浅博雄『応答する呼びかけ』未来社、二〇〇九年、六一頁。
（5）（4）に同じ、六三頁。
（6）（4）に同じ、六五頁。
（7）フェルディナン・ド・ソシュール『一般言語学講義』小林英夫訳、岩波書店、一九四〇年三月、一七一頁。
（8）石原千秋『国語教科書の思想』ちくま新書、二〇〇五年、二〇五頁。
（9）千金楽健「研究・批評の手法から教育のための技術へ」（『〈国語教育〉とテクスト論』ひつじ書房、二〇〇九年）参照。
（10）（8）に同じ。
（11）高木信『「死の美学化」に抗する——『平家物語』の語り方』（青弓社、二〇〇九年）、大津雄一『軍記と王権のイデオロギー』（翰林書房、二〇〇五年）参照。

3 読みの教育と文学理論

全国大学国語教育学会第一〇七回大会（二〇〇四年一〇月一六日）のラウンドテーブル「新しい文学教育の地平に向けてⅡ」の「企画趣旨」において、田中実は次のように「現在の全国大学国語教育学会」を批判した。

1 〈文学〉の根拠

残念ながら、現在の全国大学国語教育学会において、文学作品を「読むこと」のメカニズムの実態は解明されていない。「ない」だけでなく、「ない」という共通認識も「ない」。「ない」ことの自意識が「ない」のである。これが本学会に対する筆者の見通し、先入観である。端的に言えば、文学作品を「読むこと」に「正解」が「ある」のか、「ない」のか。「ある」のなら何故《なぜ》「ある」のか、「ない」のなら何故「ない」のか。こうした基本的問題に全国大学国語教育学会は学会としての共通認識を持っていないと思われる。〔中略〕これは国語科の基本の基本であり、全国大学国語教育学会の存在意義（レーゾン・デートル）に関わる問題と言って言い過ぎではない。[1]

田中は、全国大学国語教育学会における「読むこと」への原理の解明と認識の共有が「基本の基本」であり、そこに「存在意義」があるにもかかわらず、そのことができていないばかりかその「自意識」もないとラディカルな批判を加えている。文学を教育しようとするなら、その「文学」とはいったい何なのかを不問に伏して文学教育は可能なのかという、原理的・根源的な問いを突きつけていると受けとめたい。田中は文学の根拠を問うことを「文学教育」に求めている。

田中実・須貝千里による一連の国語教育における「読むこと」批判に対して、田近洵一は、次のように応じた。[2] 田近は、まず国語教育における「読者論の視点の導入」の意味に言及している。すなわち、「〈己れをむなしくして自己を対象に合致させ、そこに宿る精神を己れのものとする〉」という石山脩平以来の〈解釈学〉的読みから脱し、「読者主体の自立性を保障する」ことに読者論は寄与したとする。〈作品〉を「絶対的な存在」とする見方から解放したということである。国語科百年を経た現在においても、「作者」が読みの起源として君臨し、授業においても教科書においても「作者は何を言いたいのか」といった発問が自明なこととされる実態を含めるなら、読者論の意味はけっして小さくないと言っていいだろう。

しかし、読みにおいて〈読者〉の主体性が担保されたからといって、それで「読むこと」の成立が果たされるわけではない。というより、新たな難問が立ち上がることになる。読者論に関わって言えば、塚田泰彦が指摘するように「新たな文脈理論が『読者の側の論理』を再び隠蔽しつつある」[3]ということにもなろうし、山元隆春が言うように「おそらく『読者中心』を『学習者中心』へとストレートに読み換えてしまいがちなところに、落とし穴があるのではないか」[4]といった問題も視野に含めなければならないだろう。この十年間で言えば、寺崎賢一が理論的なアプローチを継続的に行い[5]、藤井知弘[6]や寺田守[7]が授業との関わりについての実践的な研究を展開している。また、山元隆春は、『文学教育基礎論の構築――読者反応を核としたリテラシー実践に向けて――』（溪水社、二〇〇五年）を刊行した。ウォルフガング・イーザーやルイーズ・ローゼンブラットの読者反応理論を検討し、外山滋比古・太田正夫といった戦後日本の読者をめぐる理論や実践を問題としたうえで具体的な教材を研究するという、読者反応を核とした読みの理論に道筋を拓いた。

しかし、読みにおける読者の役割を明らかにしようとすればするほど、読者が読む対象であるテクストとの関係性への追究が不可欠となり、関係を見極めようとすればするほど、テクストとは何かという問いへと向かわざるを得ない。田近が田中の批判をふまえて、問題化しようとしているのは、読むことそのものの原理的解明、とりわけ読む対象である「テクスト」とは何かということにほかならない。「文学作品は、読者の前に客観的な実体として存在するのか、それとも読むことによって読者一人一人の内側に現象として存在するのかの問題をうやむやにしてきた[8]」と田近が述べているように、読者論もテクストを離れて主体や自由があるわけではなく、読む対象たるテクストとは何かの追究が不可欠なはずである。

それでは、田中が批判し田近が受け止めようとした読みの原理的な解明、読む対象とは何かの問題はどうなったのだろう。「文学教育研究方法論」は、自覚的にそのことに取り組んできたのだろうか、こなかったのだろうか……。以上のような問題意識のもとに、批評理論のなかでも国語教育において取り上げられる「ナラトロジー」と「テクスト論」を瞥見《べっけん》することにしたい。

2　ナラトロジーの足踏み

読みに〈正解〉を措定することは、読者論として自己矛盾をきたすことになる。そうかといって、〈誤読〉を許容するわけにもいかない。これは、読者論的な読みに必然的につきまとう難問である。この点、松本修は読者論における「倫理」を問題化し、さらに物語学（ナラトロジー）によって、読みの根拠を問おうとした。「読みの多様性を多様なままに対立させつつ調停するための契機としてナラトロジーを活用していくべきである」[9]という見方のもとに、ナラトロジー導入の意義や実践的課題をまとめたのが『文学の読みと交流のナラトロジー』（東洋館出版社、二〇〇六年）である。

松本ナラトロジーに対する二人の批判者を取り上げる。一人は馬場重行である。馬場は、「理論的に問題があるだけではなく、何のための〈語り〉なのか、それが不明瞭なのである」、「松本論における語り手は、〈読み〉のための概念装置としての機能が発揮されていないと思われる」[10]とする。つまり、端的に言ってしまえば、馬場は、松本が語りを問題としながら作品を読んでいないと批判しているのである。これに対して松本は次のように反論する。

> こうした方針のもとでは〔馬場の読み方のことを指す──丹藤注〕、語りの分析にかかる様々な指標が恣意的に選ばれ、正当な分析の手続きを経ないまま、特定の解釈の正当性の根拠とされてしまう可能性がたかい。〔中略〕むろん、解釈をいっさい前提しない分析というものは理念的なものにすぎないが、解釈の裏側にあるものを公平に見て取らなければ、教材分析も読みの交流の組織化もありえない。ナラトロジーは特定の解釈を正当化するよりもむしろ相対化するものであると把握すべきである。[11]

語りは読むためにあるものだと主張する馬場に対して、松本はナラトロジーとはそもそも読むためのものではなく、むしろ「解釈の裏側にあるものを公平に見て取」る、つまり読みの根拠を明らかにするためのものだと言いたいのではないか。別の言い方をすれば、馬場が語りによって読んだとしても、それは馬場の読みでしかなく、語りが馬場の読みの「正当性の根拠とされてしまう」ことに意味はないと松本は言っているのである。

松本が参照するフランスの物語研究の推進者たるジェラール・ジュネットやジェラルド・プリンスがそうであるように、松本も物語内容には踏み込まず構造分析にのみ専心する。それは、最近、物語研究者として知られるツヴェタン・トドロフによって批判の対象ともなっているが、[12] 国語教育へのナラトロジー導入において、それが自己の読みの根拠とされることを避けるという考えを受け入れたとしても、「むろん、解釈をいっさい前提しない分析というものは理念的なものにすぎない」という指摘と、また「正当な分析の手続き」とか「公平に見て取」るとか言われる事態が果たして両立しうるのかという疑問も残る。つまり、「分析」と「解釈」を截然《せつぜん》と分別することは不可能なのであり、「解釈」を伴わない「公平」な「分析」を想定することと自体に無理がある。このような読みをめぐる差異は、ひとえに対象たるテクストをどう見るかにかかっている。さらに言えば、テクストをどう見るかは言語観の問題だということになる。

いま一人は須貝千里である。須貝は、一九九〇年代正解到達主義批判を問題とし、「倫理」を問おうとした松本の「先見性に敬意を払いつつ」も、「テクスト」「本質的意義」「綿密に読むこと」「交流」「語り」といった松本ナラトロジーのキーワードを批判的に検討している。須貝による批判の要点は、松本ナラトロジーは「倫理」を問題としていたことからも、言語非実体論に立たねばならないはずが、「テクスト」にしても「語り」にしても、「本質的意義」といった用語に端的に見て取れるように、言語非実体論を回避し実体的な把握のままにとどまっているという点にある。

こうした事態〔「読むことの」の「倫理」の探求の停滞という事態―丹藤注〕はエセ〈読み〉のアナーキーであり、それは実体主義と非実体主義の癒着、エセ相対主義、エセ絶対主義という事態である。それゆえの「外部」としての《他者》の問題の探究の、決定的な不徹底さという事態である。氏の「本質的意義」の論述のなかには、実体主義をいかに超えるかという課題が潜在しているのだが、この課題は回避されてしまっている。問われているのは、ソシュール以降の「言語」をめぐるアカデミックな常識を前提にするのか、しないのか、ということであったのだが、この問いは回避されてしまっているのである。(13)

須貝の言う「実体主義と非実体主義の癒着、エセ相対主義、エセ絶対主義という事態」は、つまるところ「ソシュール以降の『言語』をめぐるアカデミックな常識を前提にするのか、しないのか」に帰着するだろう。別の言い方をすれば、言語論的転回を受け容《い》れるのか否かということである。ナラトロジー自体実体的な方法だとしても、それを非実体論で検討し直すことが求められている。その地平に立ち難問に挑むことを須貝は松本に求めていると言って差し支えないだろう。

教室において、「文学テクストの綿密な読み」を成立させるために、あるいは「交流」を恣意的な読みの出し合いで終わらせないためにも、「解釈の根拠」をもとめなければならない。そのための方法論を松本はナラトロジーによって構築しようとしたのである。それゆえ、自らの読みを読むというメタ認知的領域を問題とせざるを得ない。そこに、言語非実体論への通路が垣間見られるはずであった。にもかかわらず、「正当」「公平」「本質」と、松本が言ってしまうのは、須貝が言うように、松本が言語実体論に依拠していることによるだろう。メタレベルを追究しようとしながらも、「根拠」を問おうとすると、どうしても「実体論」を招いてしまう。このダブルバインド状態に、松本のナラトロジーは足踏みをしているように見受けられる。しかし、この「実体主義と非実体主義の癒着」という事態は、なにも松本に限ったことではない。このことは、国語教育における文学教育研究、とりわけ「テクスト」論において、より一層顕著である。

3 「テクスト論」の迷走

鶴田清司は『〈解釈〉と〈分析〉の統合をめざす文学教育』（学文社、二〇一〇年）において、確信的に「テクスト」の用語は用いず、「テキスト」としているが、今日、「テクスト」なる用語は、国語教育においても、広く流布し実際に使用されていると言ってよい。では、「テクスト」はどのような意味において用いられているのか。男山克弘は、「テクスト論の有効性」について次のように述べている。

結論として、文学教材の「読み」について、「作品からテクストへ」、という視点を積極的に文学の授業に取り入れることを提案したい。（中略）どんな気持ちか、感動の中心はどこか、主題は何か、作者の意図は何か、作者はどのような人物か、というような感性に傾斜しすぎる授業、もしくは、この作品は近代文学史上の傑作である、とか、この作家は他の作家に大きな影響を与えたなどといった、テクスト外部の知識の多寡が大きく影響する授業などから解き放つことにこそ意義があるということである。(14)

先に触れたように、〈作者〉が読みの起源として君臨する国語教育界にあっては、一定の有効性はあると言えるかもしれないが、端的に言って、男山の指摘は「テクスト論」とは言えない。〈作者〉という「テクスト外部」を排除すればいいだけなら、ニュークリティシズムの範囲である。〈作者〉を排除すれば「テクスト論」になるというものではない。

しかし、ここでも、問題となるのが、言語実体論にほかならない。寺崎賢一は、「テクスト論」「ポスト読者論」に関して多くの発表を行っているが、次のような指摘を看過するわけにはいかない。

この宇宙に「海」しかなく「空」がなかったなら、人間は「海」と「空」の差異を認識することができなかったろう。したがって、「海」という言葉も「空」という言葉も創造されなかったろう。しかし、現実には両者に差異が存在した。いや、「差異のある両者が存在していた」といったほうが正確であろう。では、その「差異のある両者」は人間が生まれる前から存在していたのか、いなかったのか？……答えは「存在していた」である。この存在を唯物論弁証法では「客体」と命名した。その「差異のある存在」＝「客体」を、後からやってきた人間が認識し、やがて命名した。「海」と「空」という言葉で。(15)

言語の発生にまで及ぶこのとらえ方は、ソシュールが批判した「言語名称目録観」そのものではないのか。所謂《いわゆる》「素朴実在論」というべきもので、「テクスト」概念とはまったく相容れないものである。ソシュールの言語観によれば、モノ・コトがあって言語があるのではなく、言語がモノ・コトをあらしめることになる。社会構築主義（Social construction）が言明するように、われわれは言語化された世界に生きており、「現実」なり「実在」なりと考えられているものは、言説実践の効果であって原因ではない。もちろん、「本質主義」なる立場はあるが、ソシュール言語学を嚆矢《こうし》とするテクスト論は、本質主義的自然視をむしろ脱自然化しようとする。

「テクスト（論）」なる用語が、実体概念であり「本文」なり「作品」なりと同義であるならば、なにも「テクスト」という語を用いるまでもない。これまで通り「作品」とすればよいだけである。先に触れた山元隆春の『文学教育基礎論の構築』の書評で、須貝千里が疑問を呈したことがあった[16]。この点については、かつて考察したことがあるので、ここでは詳述しないが[17]、要するに須貝は山元の「テクスト」観が実体概念であり、還元不可能な複数性というテクスト論の提起する問題性を踏まえていないと批判した。それに対して山元は、テクストを「一応『実体』をあらわす語として用いられていると把握することは誤りではない[18]」と応じている。山元は、「テクスト」を実体概念としているのである。「テクスト」が実体か非実体かという問題は、たんに用語上の違いと言うにとどまるものではない。それは、言語をどう見るかであり、世界をどう見るかということにかかわるゆえに、看過できない。もちろん、言葉やテクストを実体とするか非実体とするかは、読むという行為そのものの問題でもある。

　言語が「実体」ではないということは、指示対象とは一対一の対応関係にはないということである。ソシュール以前の言語観は、例えば、I・A・リチャーズの「意味の三角形」のごとく、言語はシニフィアン（意味するもの）とシニフィエ（意味されるもの）、そして指示対象を含んでいた。しかし、ソシュールのみならず、ウィトゲンシュタインをはじめとする分析哲学は、指示対象を言語から除外する。つまり、テクストが指示するのはテクストであって、「外部」の対象ではないということである。それゆえ、テクストは自己言及的なものとなる。すると、「作者」はもちろん、「現実」「歴史」といった「外部」は捨象される。これが、「テクストに外部はない」（ジャック・デリダ）という有名なテーゼであり、「言語の牢獄」（フレデリック・ジェイムスン）と揶揄《やゆ》される所以《ゆえん》である。

　また、このことは、ロラン・バルトの言い方に倣えば、「還元不可能な複数性」をもつということでもあり、読みは対象となるテクストに還ることはできないということである。つまり、実体論では読みは読者の「外部」としての作品にあることになるが、テクスト論では読みとは読者の〈内部〉にあることになる。テクストという対象を読むということは、対象を読んでいる〈自己〉をも同時に読むことにほかならないのである。しかも、読みとは読者によって異なることが予想されることから、「複数性」を持つということになる。こうなると、読者を離れて「客観的に」あるいは「公平」にテクストを「分析」することは、厳密に言うと不可能だということになる。テクストとは、書かれたものそのもののことではない。「直接的な情報を目指すコミュニケーションのためのことばを、それ以前または同時期のさまざまな言表に関係づけることによって、言語の秩序を再編成する超言語学的装置である[19]」とされる。

4　言語論的転回と再転回

「国語科」百年の言語観は、実体概念である。このことに疑いを差し挟む余地はない。これまで見てきたように、実体論から関係論へと「転回」したはずの言語論的転回以降においても、依然として実体概念の範囲を出ていないことが明らかになった。「記号」「構造」「語り」といった批評理論の用語は国語教育界に氾濫したが、それらが前提とするはずの言語論的転回には応じていなかったと言わざるを得ない。それどころか実体概念のまま「テクスト」を用いるという矛盾した事態も、さしたる問題とはされず等閑視《とうかんし》されてきた。

第一節で見たように、〈文学〉を読むことの根拠とは何か、読むことの原理的な解明へと向かうためには、読む対象を非実体概念として措定することが前提となる。くり返しになるが、読む対象は、「外部」に客観的に実在するのではない。あくまで読者の内に現象する。読むとは対象を読んでいると同時に、自己を読んでいるのである。この認識が第一歩であり、「共有」されねばならない。先にも指摘したように、テクストが外在するものでないとすれば、対象を読むとは読んでいる〈自己〉をも読むということになる。この認識が決定的に重要であろう。われわれの日常生活においては、言語は実体化される。法にせよ科学にせよ、「言った！　言わない！」「こう書いてある」といったように……。しかし、文学的なテクストにおいては、実体化から免れているし、またそうあらねばならない。むしろ、実体化傾向の言語を非実体化していく行為が読むということなのであろう。言語論的転回の地平においては、読者〈主体〉がテクストという〈客体〉を読むという「主観―客観」図式さえ再考を求められる。「読書行為が主体の行為であることは否定できない」[20]、「文学テクストを読むことは、原理的に自己の存在を意味づけ、世界を意味づけていく行為そのもの」[21]という前提そのものが転回されねばならない。読むことは読まされているということでもあるからだ。「人間が言葉を話しているのではない。言葉が人間によって話しているのだ。」とは、中学校教科書に掲載される池田晶子『言葉の力』の一文である。[22]

田中と田近の見解の相違は、つまるところ、対象への見方もしくは言語観の差異に因《よ》るだろう。田中は「〈読み〉は確かに実体ではない。主体にも客体にも、その相関にも文学の根拠は実体としては断じてない」[23]と言明するのに対して、田近は「テクストは実在するものである」とし「それは、認識の対象であり、分析可能な客体である」とする。[24]田近は、読者の関わり以前に存在するものではないが、読むというかかわりにおいて「実在する」と考えている。テクストが「外部」に実在するという前提に立つなら、テクストに還ることができる、つまり「還元可能」であるということになり、実在しないとすると「還元不可能」となることは自明である。読書行為によってであれ、テクストが「実在する」のであれば、それは田近が批判した作品の「絶対主義」に道を開くことになる。この事態を須貝は読みの「エセ相対主義」と評した。「作者」あるいは「作品」を絶対化する絶対主義を批判して相対主義を標榜《ひょうぼう》しながら、結果として絶対主義を温存している事態のことである。

よく言われるように文字は紙の上のインクのシミでしかなく、話し言葉も音でしかないとする言語非実体論に立ち、テクストは「外部」に存在するのでない、読みは読者の〈内部〉に現象するのだとしたら、次に問題となるのが、テクストの中でいかにして読みを考えるのかということであろう。言語論的転回の地平においては、もはや「作者」に登場してもらい、外部から「言語の牢獄」の鍵を開けてもらうわけにはいかない。世界は言語化されており、われわれの認識なり認知なりはあくまで言語によってもたらされたものであるとすれば、「さまざまな言表に関係づけることによって、言語の秩序を再編する」ほかはない。つまり、相対化するということである。言語論的転回とは、別の言い方をすれば、相対主義ということである。ロラン・バルトはカトリック的絶対主義やマルクス主義的ドグマ性に対する徹底した相対主義を具体化しようとした。そのような相対主義においては、テクストに還ることができない以上、文脈や意味は切断され「表層」に浮遊するほかはない。それゆえ文学研究の多くはカルチュラルスタディーズに移行していった。「テクスト」とは、このような言語秩序の「再編」である前に「解体」する場なのである。言語論的に転回するとは、あるいは「テクスト」というなら、このような相対主義を受け入れるということである。今日、「テクスト論以後」あるいはポスト・ポストモダンが模索されているとはいえ、一旦はこの言語論的転回を経るものでなければならない。

相対主義による〈多様な読み〉にも教育的な意味はあるとしても、ここで強調しなければならないのは、テクスト論においては、〈文学〉を見出すことはできないということである。〈文学〉も相対化されなければならないからである。それゆえ、もし〈文学〉あるいは〈文学の根拠〉を求めようとするのであれば、あるいは「読むこと」の成立を目指すのなら、言語論的転回の再転回が追究されねばならないことになる。このことは、テクストには「外部」がないという言語論的転回を、さらに転回させようとする試みでもある。文学研究はカルチュラルスタディーズに移行していったかもしれないが、国語教育は〈読み〉を手放すわけにはいかない。言うまでもなく、子どもたちのリテラシーの教育を担う責任があるからである。また、〈文学〉から遠ざかるわけにもいかない。「文学的認識力」「メタ認知力」、あるいは「批評」といったことは〈文学の力〉とでも言うべきことだからであり、今日のメディア・情報社会においては子どもにとってますます必要とされるからである。とすれば、国語教育こそ、言語論的転回以降の〈文学〉の読みを追究するものでなければならない。

【付記】傍線は、丹藤による。

注

（1）田中実「新しい文学教育の地平に向けてⅡ」（『全国大学国語教育学会第一〇七回大会発表要旨集』二〇〇四年、一七一頁）

（2）田近洵一「国語教育における読書行為論の課題——文学の〈読み〉の教育のあり方を問い直す」（『全国大学国語教育学会第九九回大会発表要旨集』二〇〇〇年、二〇九頁）

（3）塚田泰彦「読むことの学習指導研究の成果と展望」（『全国大学国語教育学会第一〇〇回大会発表要旨集』二〇〇一年、一三〇頁）

（4）山元隆春「文学の授業にとって『読者論』とは何か」（『全国大学国語教育学会第一〇一回大会発表要旨集』二〇〇一年、一七四頁）
（5）寺崎賢一「読者論的文学指導の原理と原則」（『全国大学国語教育学会第一〇六回大会発表要旨集』二〇〇四年）
（6）藤井知弘「読者反応研究から授業化への視点」（『国語科教育　第四七集』全国大学国語教育学会、二〇〇〇年）
（7）寺田守「読むことの授業における学習者の反応方略の分析――『アイスキャンデー売り』（立原えりか）に対する反応の変化に注目して――」（『国語科教育　第五三集』全国大学国語教育学会、二〇〇〇年）
（8）（2）に同じ、二二〇頁。
（9）松本修『文学の読みと交流のナラトロジー』東洋館出版社、二〇〇六年、五二頁。
（10）馬場重行「〈語り〉の在り方をめぐって――中島敦『山月記』の場合――」（『月刊国語教育』東京法令出版、一九九九年八月、一〇〇～一〇一頁）
（11）松本修「文学教育とナラトロジー」（『月刊国語教育』東京法令出版、二〇〇〇年一月、九四～九五頁）
（12）ツヴェタン・トドロフ『文学が脅かされている』小野潮訳、法政大学出版局、二〇〇九年。
（13）須貝千里「『交流のナラトロジー』を超えて――『あたりまえ』との対話」（『国文学解釈と鑑賞』ぎょうせい、二〇一一年七月、三八頁）
（14）男山克弘「文学の授業を見直す――テクスト論の有効性」（『月刊国語教育研究』日本国語教育学会、二〇〇一年七月、二五頁）
（15）寺崎賢一「ポスト読者論のゆくえ（その2）」（『全国大学国語教育学会第一一一回大会発表要旨集』二〇〇六年、三四頁）
（16）須貝千里「言葉ひとつ」（『日本文学』日本文学協会、二〇〇六年九月）
（17）丹藤博文「言語論的転回としての文学の読み」（『愛知教育大学研究報告　第五八輯』二〇一〇年三月）参照。

(18) 山元隆春「『失いつづけたすべてのものの打ち上げられる場所』と『行くべきところ』との間で――文学教育の『転回』と『希望』のために――」(『日本文学』日本文学協会、二〇〇七年八月、五八頁)

(19) ロラン・バルト「テクスト　その理論」(『現代思想』花輪光訳、一九八一年七月、八一頁)

(20) (2)に同じ、二〇八頁。

(21) (9)に同じ、一六頁。

(22) 池田晶子『言葉の力』(『伝え合う言葉　中学国語3』教育出版、二〇一一年度版)

(23) 田中実「『新しい文学教育の地平』に向けて」(『全国大学国語教育学会第一〇五回大会発表要旨集』二〇〇三年、一七九頁)

(24) (2)に同じ、二一一頁。

4　テクストの〈外部〉

1　国語科の中に文学教育を位置づける？

浜本純逸は、「文学教育の新しい位置づけ――感性を豊かにし、思考力を育てる文学教育へ――」[1]において、「私は、感性を豊かにするだけでなく言語による思考力を育てるためにも、あらためて文学教育の重視を提案したい」とし、「全教科の学習を支える思考力の要素である方法知を育てるためにも文学教育を見直し、国語科の中に確かな位置づけをしていきたい」と結論づけている。文学教育を「重視」すること自体に異論があるわけではないが、私が違和感を持たざるを得ないのは、「国語科の中に文学教育を位置づける」という指摘であり、さらに言えば、その立論の根拠とは何か、ということにある。もちろん、浜本は、戦後の「文学教育」の歴史に鑑み、文学教育を批判する側もされる側も、国語教育の中ではむしろ「異端」として扱われることをよしとする風潮に対して、「異端」としてではなく国語科の中に文学教育を位置づけることこそが「国語科」にとってのみならず「文学教育」にとっても必要だと言いたいのではないか。そのように私は受けとめている。しかし、結論を先に述べるなら、私は、浜本の言い方とは逆に、むしろ「文学教育の中に国語科をどう位置づけるか」を構想しなければならないと考える。言うまでもなく、浜本のとらえ方が一般的であり常識的であるに違いない。では、なぜ「国語科」と「文学教育」を反転させなければならないのか。そのように考えることが、言葉の教育にとってどのような意味があるのかを考察したい。

2　学校教育における言語観

「文学教育の中に国語科を位置づける」ことを述べる前に、まずは「国語科の中に文学教育を位置づける」ことの根拠となる言語観について『学習指導要領』を例として検討する。

〔第五学年及び第六学年〕

2　内容／C　読むこと(1)

ウ　目的に応じて、文章の内容を的確に押さえて要旨をとらえたり、事実と感想、意見などとの関係を押さえ、自分の考えを明確にしながら読んだりすること。(2)

〔第一学年〕

2　内容／C　読むこと(1)

イ　文章の中心的な部分と付加的な部分、事実と意見などとを読み分け、目的や必要に応じて要約したり要旨をとらえたりすること。(3)

学習指導要領では小学校・中学校の区別を問わず「事実と意見」とを概念として区別することになってい

る。このことは、教科書においても共有されている。

教育出版一年「話すこと聞くこと」教材
　事実と意見を区別して話す
三省堂一年「確かめよう・読む（説明）15」コラム
　事実と意見とを読み分けるには
東京書籍一年「学びを支える言葉の力・基礎編」コラム
　事実・推測・意見を区別する
光村図書二年「論説『モアイは語る』」付属コラム
　事実を示して意見を書こう
学校図書二年「発見する読み1」教材名
　「事実と意見」を区別しよう

中学校教科書の目次を参照しただけでも、読む・書く・話す・聞くといった言語活動のすべてにおいて、「事実と意見」を「区別」することが自明なものとなっていることがわかる。

しかし、言語は「事実と意見」に「区別」できるものだろうか。守田庸一は、説明文の読みにおいて「事実と意見」は概念として別のものであるとして次のように述べている。

学習指導要領の記述における「事実」について、『小学校学習指導要領解説国語編』では「『事実』には、現実の事象や出来事、科学的事実、社会的・歴史的事実、自分が直接体験した事実や、間接的に見聞したり読んだりして得た間接的な事実などがある」と説明されている（七七頁）。こうした事実を現実の世界から切り取ってくる段階で、既に筆者の見解が反映されている。「間接的な事実」であれば、筆者が接した情報の発信元の見解がさらに加わることになる。つまりここでの「事実」とは、本来「意見」と明確に区分することができない概念である。(4)

守田の言うように、言語表現を「事実」と「意見」に区別することなどそもそもできないのである。国語科の中に文学教育を位置づける、とすることの前提となる言語観とは、言語はコミュニケーションとしての〈伝達〉や思考のための〈道具〉であるとする「用具主義的言語観（言語代用説）」であろう。これは、〈事実〉や〈現実〉があって、言語はそれを名付けるという、ソシュールの用語で言えば、「言語名称目録観」にほかならない。言語の第一義的な価値とは、〈コミュニケーション〉や〈名付け〉なのであり、〈事実〉や〈現実〉があってそれを伝えるために言語があるとする見方である。

次に、「事実」と「意見」というように二元的に言語をとらえるということは、字義的な解釈が成り立つという「字義的解釈主義」に立つものであるという点である。「字義的解釈」と「比喩的解釈」という二種類の解釈を前提としているのである。国語教育に流通する「説明的な文章」と「文学的な文章」の区別はこの見方に対応している。そのような言語観においては、物語や詩といった意味の〈伝達〉自体が目的とは言えない言語は、特別な扱いを受けることになる。日常的なコミュニケーションのための言語とそれ以外の言語とに一線が引かれることになるのである。〈伝達〉や〈思考〉のための〈道具〉としての言語がまずあって、詩におけるレトリックなどは文学に特有の表現とされる。この言語観は、「素朴実在論」あるいは「言語実体論」に由来するだろう。

そして、「言語実体論」の根拠となっている見方は、言葉は指示対象と必然的に結びついているとする「還元主義」に負うている。「作者の意図」を忖度《そんたく》するという授業ではよく見られる実践も、「作品」とは「作者」の意図が反映されたものだという考えを前提としており、「作品」の主題は「作者の意図」が根拠となりうると信じているからだろう。しかし、言葉は、そのように「作者の意図」通りに反映はされない。というのも、言葉は、信じられているほど指示対象と安定的な関係にはないからである。これが、ソシュールやウィトゲンシュタインらによる、所謂《いわゆる》「言語論的転回」の要諦である。(5) 言葉は指示対象ではなく、他の言葉を指す。言葉は互いに異なっていることによって意味をなす差異のシステムである。例えば、「上」や「下」のようにそもそも指示対象を持たない言葉もある。「男」と「男性」は指示対象は同じでも意味は違う。「私」が「私」と言えば「丹藤」のことを指すが、「私」という人称を用いる人は無数に存在する……。

かくのごとく、国語教育の言語観とは、言語論的転回以前の「用具主義的言語観・素朴実在論・還元主義」(以後、これらを「言語実体論」としてまとめて表現する)のままであるということになる。『学習指導要領』というテクストは、「思考力」「批評」といったメタ言語(言語非実体論)の必要性を説く一方で、「事実」と「意見」あるいは「伝統的な言語文化」として「言語実体論」を温存していることを看過するわけにはいかない。現場の言語活動にとってダブルスタンダードとなっているのである。「批評」に展開しようとしても「事実」に拘束されることになることは必至であり、実体論に依拠しながらメタ言語を求めるというダブルバインド(二重拘束)状態にあると言ってよい。別の言い方をするなら、実体論に立っている以上、メタ言語としての「思考」や「批評」には行きたくても行けない仕組みになっているということである。言語実体論という足枷《あしかせ》を引きずりながら「思考力」や「批評」へとたどり着くことが求められており、これでは成功は見込まれないばかりか、いたずらに疲弊してしまうだろう。

「事実」と「意見」、「字義的解釈」と「比喩的解釈」、「説明的な文章」と「文学的な文章」といった国語教育に流通する概念は、言語論的転回以前の「言語実体論」に依拠しており、ダブルスタンダードとして国語教育の足枷になっている。とすれば、「事実」と「意見」の区分など、国語教育に常識的な見方を根本的にとらえ直すことが不可欠となる。例えば、「字義的解釈」と「比喩的解釈」は区別できるものではないだろう。なぜなら、日常的な言語活動も詩的機能なくしてありうるものではないばかりか、実用的な言語もまた修辞的だからである。

ロマーン・ヤーコブソンは、詩的機能を文学にのみ限定することに警告を発している。

この機能〔「詩的機能」のこと―丹藤注〕は、言語の一般的諸問題と無関係に研究しても成果を挙げることはできないが、他面、言語の精密な分析は詩的機能の十分な考察を要求する。詩的機能を詩の世界だけに局限しようとしたり、もしくは詩を詩的機能だけに限定しようとしたりする試みはすべて、誤った過度の単純化に堕することになろう。(6)

日常的な言語にも、詩的な機能を認めることはできるのであって、「字義的解釈」と「比喩的解釈」、あるいは「説明的な文章」と「文学的な文章」といった区分は、「誤った過度の単純化に堕することにな」るわけである。

また、詩的機能同様、言葉は他の言葉を指示し、他の言葉との関係において意味をなすのであれば、テクストが修辞的な性格を持つことも避けられない。アメリカにおける脱構築を主導したイェール学派の領袖たるポール・ド・マンは、日常的に使用される言語もレトリカルという点で、文学言語との区別は不可能であると次のように述べている。

われわれは次のような結論に到達する。すなわち、文学的言語の特性を決定することは困難であり、レトリックをやや広い意味においては、文学研究に実際の基礎を構築することからは遠ざかるばかりであって、レトリックは永久的な誤読の恐れを内包するのである。(7)

ド・マンの言うように、われわれの言語生活はレトリックに溢《あふ》れている。例えば、プロ野球のニュースでよく耳にする「反撃の狼煙《のろし》を上げた」といった比喩や「会社を牛耳《ぎゅうじ》る」といった慣用句は、実体となんの関わりもなく、文脈において字義的な意味とは別の意味で用いられている。日常的なコミュニケーションも文学もともに修辞的であることから、「事実」と「意見」、「説明的な文章」と「文学的な文章」といった区分は言語論的転回以前の言語観に基づくものであると言わざるを得ないのである。(8)

3 「テクストに外部はない」！

国語教育における言語観は、「言語実体論」であることを述べた。基盤としての言語観がそのようなものであるから、「事実」と「意見」を区別する、作者の伝記的な事実に読みの根拠を求める、文学教材を説明文のような読み方をする……、といったさまざまな誤謬の中にいても、それと気づかないという授業を繰り返す結果になっている。

しかし、言語を指示対象から切り離し、「作者の意図」から自由になることは、そんなに容易なことではないようだ。土田知則は、ロラン・バルトの「作者の死」から半世紀年になりなんとしている今日でも、「作者」はいまだに君臨していると述べる。

> 文学研究の目的は何よりもまず作者の意図を明らかにすることだという外在批評的考え――いわゆる実証主義――は、おそらく構造主義の登場まで文学批評・研究・教育の大前提とされてきたのである。否、ある意味で、その姿勢は今でもなお優勢と言えるかもしれない。ロラン・バルト（一九一五―八〇年）が「作者の死」を宣告した一九六八年から四〇年以上の歳月が過ぎようとしている現在でも、作者の意図に拘泥しようとする姿勢にあまり大きな変化は生じていないと思えるからである。[9]

バルト以前にも一九四〇年代アメリカのニュークリティシズムが「作者の意図を考慮する誤謬《インテンショナルファラシー》」を議論のテーブルに据えたにもかかわらず、今もなお「作者」は健在なのである。

また、言語論的転回もいまだ一般に浸透した見方とは言えない。作家の保坂和志は、『言葉の外へ』（河出文庫　二〇一二年）の「あとがき」において次のように述べている。

> 「言葉の外へ」という書名を見ると、「感じることも考えることも、人間にとっては言葉の中でしか起こりえないじゃないか。もし仮に言葉を外に向かって拡張することができたとしても、それは言葉の領域が広がったということであって、人間が言葉の外に出ることなんか、ありえない」と、反論する人が必ずいるけれど、言葉には明確に外がある。

保坂は、「言葉には明確に外がある」と力説しているけれど、「反論する人」はそのように言いたいのではない。そうではなくて、われわれは言語を通してしか世界や現実というものを経験できないのであって、言語の限界が世界の限界なのだという意味である。物理的に「外」はあるかもしれないが、われわれは言語的にしか世界を経験し得ない以上、言語化された途端、それは「外部」ではなくなる。

ここで、かつて物議を醸したジャック・デリダの「テクストに外部はない」という発言にまで立ち返らなければならないことになる。このテーゼは、テリー・イーグルトンやフレデリック・ジェイムスンといったマルクス主義系の批評家からは批判を浴び、「歴史」や「現実」ひいては「政治」から逃れ、ひたすら書物にのみ関心を向けるといったように誤解されたふしがある。しかし、デリダはテクスト以外のものは無視してよいと言っているのではない。マーティン・マックラインによれば、それは翻訳の問題であって、より適切には「『テクストでないものは何もない』(there is nothing text-free)といったものになるであろう[10]」として、次のように指摘している。

> 「テクストでないものは何もない」というデリダの言は、すべては書物のなかで起こるという意味ではなく、テクスト性の効果から逃れるような指示対象物は一つもないという意味にすぎない。いわゆる「現実的な」世界とされるものはテクスト的あるいは修辞的な効果に他ならないのだ[11]。

われわれの現実的な世界経験と言われることは、言語使用によって決定されるのであって、テクスト的に経験されるということなのである。それゆえ、テクストに〈外部〉はあるにしても、われわれは言語によって経験するほかはないのであり、言語から逃れることはできないのである。

この「テクストに外部はない」（＝「テクストでないものは何もない」）という言語観、つまり言語論的転回に、国語教育も立つことが必須であることを強調しておきたい。というのも、先に述べたように文部行政から教育現場に至るまで、「言語実体論」という言語観に拠《よ》ることによって、さまざまな矛盾や齟齬《そご》を生じさせているからである。言語論的転回によって読みの教育は、根本的に見直しを迫られることになるはずである。

しかし、ここで、慎重に言わねばならないのだが、言語の限界が世界の限界であって、その意味で「テクストに外部はない」のであるが、だからといって〈外部〉を問題にしなくてもよいということにはならないということである。言語によって世界は分節化・構造化される。「虹」を七色に見る文化もあれば三色とする文化もある。日本では「七色」と見るが、そうでない文化もあることを知る必要はある。つまり、テクストの〈外部〉にこそ、〈他者＝他なるもの〉が出現する、あるいは表象される可能性があるからである。それゆえ、「テクストに外部はない」という知見に立ちながらも、なおかつ、そこから〈外部〉を洞察することが求められるのである。

「テクストに外部はない」という知見に対して、ジェイムスンは「言語の牢獄」と揶揄した。おそらく、その比喩を受けて、内田樹は次のように述べている。

獄舎の扉が外からしか開かないように、私たちを「臆断の檻」から解き放つ言葉は、檻の外からしか到来しない。

知的な人々は私たちが閉じこめられている檻の構造やサイズや鉄骨の材質や強度について、さらには檻の歴史や来歴についても詳細な知識を提供してくれる。けれども、そのような知識をいくら積み重ねても、それだけでは檻の扉は開かない。檻の扉は檻の外からしか開かないからだ。では、獄舎に閉じこめられた人はどうやって檻から抜け出すのか。〔中略〕たくみな「言葉使い」は、彼の本体を閉じこめている檻の鉄格子の外に言葉だけを逃すことができる。そして、外に出た言葉だけが扉を外から開けることができるのである。

比喩的な表現に終始して申し訳ないが、私が「思考の力よりも言葉の力」ということで言いたいのはそういう事況のことである。

私たちがいま直面している出口の見えにくい思想的状況の檻から逃れ出るために必要なのは、政治史や外交史についての博識でもなく、「政治的に正しいこと」を述べ続ける綱領的一貫性でもなく、世界平和への誠実な祈念でも、憂国の至情でもない。この硬直したスキームの鉄格子の向こうに抜けられるような流動的な言葉である。私はそれを「脱臼性の言葉」と呼びたいと思う。(12)

われわれが認知・認識できるのは言葉によるほかはない。言語の限界がわれわれにとって世界の限界だとすれば、言語の世界を広げることが世界を広げることになる。そこに、国語教育の役割の一半もあるのだろう。しかし、それでは、言葉の〈外部〉を問題にしなくていいのかという難問に直面せざるを得ない。例えば、〈死〉である。〈死〉という言葉はあるからといって、われわれは死んだことがない以上、〈死〉を知らない。東日本大震災で、三万人もの人間が一瞬にして命を失い、肉親や友人や家までも失った方々は、いったいどんな言葉を見出せたであろうか。その悲痛な思いは、とても「悲しい」の一言では済まされないことは想像に難くない。数年を経て、世の中は景気回復のことしか頭にないようだが、テクストの〈外部〉を洞察することもまた必要なのである。〈外部〉から自分を見ることが、「臆断の檻」から解き放たれることではないか。にもかかわらず、誰も、テクストの〈外部〉に立つことなどできないのである。

では、どうするか？

内田が言うのは、「脱臼《だっきゅう》性の言葉」である。まともに檻を破壊することはできなくとも、腕をねじ曲げて檻の〈外部〉に言葉を出し鍵を開けることはできるかもしれない。つまり、言葉によってしか言葉の〈外部〉を洞察することはできないということである。そして、「脱臼性の言葉」というのは、さしあたり修辞的であり詩的な機能が優先する〈文学〉的テクストのことだとして間違いはないだろう。「言語の牢獄」から出ようとする行為自体が言葉の修辞性による以外になく、修辞的な言葉とは〈文学〉的なテクストのことではないのか。

4 〈言語論的転回〉を求めて

言語から指示対象性を払拭できるものではないものの、言語は指示対象ではなく、他の言葉を指示する。テクストは詩的機能を必要としそれ自体修辞的である。とすれば、テクストは文学的であると言うほかはない。「文学教育の中に国語科を位置づける」という逆説的な言い方は、第一義的にはそのような意味においてである。しかし、それ以上に、テクストの〈外部〉という問題を直視した時、「脱臼性の言葉」としての文学テクストの読みが掛け値なしに重要だと考えるからである。別の言い方をすれば、言語の限界に立ち会い〈他者〉や〈世界〉を見る地平を洞察することが、言葉の教育として肝要だと思うからである。時代は〈外部〉から見ることを要請している。「素朴実在論」のままではたち行かないことは自明ではないのか。しかし、「発達段階はどうするのだ、小学校低学年では作者の方が教えやすい……」といった批判は当然あるだろう。また、先に土田や保坂の言を引いたが、言語実体論を超えることは、言うほど容易ではないだろう。私自身、実体論を批判しておきながら〈読み〉は実体的だという批判を受けたりもする。しかし、これが実体論を超えた読みですなどと自信たっぷりに言うことは、はたして可能なのだろうか。むしろ、実体論から脱却しようとする行為自体に意味があるのではないか。「言語実体論」が常識的な言語観であれば、言語論的転回以後の言葉の教育は、それらとテクスト・メタ言語とのせめぎあいにならざるを得ないだろう。「文学教育の重視」というのであれば、実体論を超えて、「テクストの〈外部〉」を問題にするものでなければならない。そこにも言葉の教育、とりわけ文学教育の役割があると考える。

【付記】傍線は、丹藤による。

注

（1）浜本純逸「文学教育の新しい位置づけ――感性を豊かにし、思考力を育てる文学教育へ――」（『月刊国語教育研究』日本国語教育学会、二〇〇八年四月）
（2）『小学校学習指導要領』（文部科学省、二〇〇八年三月、「第2章　第一節」）によった。
（3）『中学校学習指導要領』（文部科学省、二〇〇八年三月、「第2章　第一節」）によった。
（4）守田庸一「事実と意見」（『日本文学』日本文学協会、二〇一二年一月、六六頁）
（5）本書「Ⅱ」章の「1　『言葉の力』（池田晶子）――語りえぬものについては、沈黙してはならない。――」参照。

（6）ロマーン・ヤーコブソン『一般言語学』川本茂雄監修、田村すゞ子他訳、みすず書房、一九七三年、一九二頁。

（7）de Man, Paul, *Blindness and Insight : Essays in the Rhetoric of Contemporary Criticism*, second edition reviset [minneapolis : University of Minnesota press,] 1983, p.285

（8）学習指導要領の言語観は、なぜ「事実」や「意見」、「説明的な文章」と「文学的な文章」といったように区分けするのであろうか。この点に関して須貝千里は、「国語科」の目標を「〈ことば〉の社会的な約束ごと」を「共有」し「運用」することに置いているからだとしている。

「中間まとめ」では、こうした二つの側面からの「文学的な文章」教材に対する批判を前提として論議をすすめ、小学校においては「日常生活に必要な読み書きなどの基礎的な内容」を、中学校においては「社会生活に必要な表現力や理解力などの言語能力」を、高等学校においては「社会生活に生かすことのできる国語の力」を身につけさせていくことをめざしている。つまり「中間まとめ」においては、「国語科」の目標を「日常生活」や「社会生活」に必要な言語能力の育成ということに焦点化しようとしているのである。筆者はこうした動向を、「国語科」の目標が「〈ことば〉の社会的な約束ごと」を共有し、運用することのできる実用的な言語能力を育成することに、より絞り込まれたものとして把握している。（須貝千里「『不完全』な世界を生きていくために――〈新しい文学教育〉へ」〈『〈新しい作品論〉へ、〈新しい教材論〉へ　2』右文書院、一九九九年、二五二頁〉）

須貝千里は、少なくとも一九九七年に教育課程審議会によって出された「中間まとめ」における言語観は、「実用的な言語能力を育成すること」をねらいとしていると看破している。とすれば、「事実」と「意見」、「説明的な文章」と「文学的な文章」を措定し、前者を重視していることが明確化することになる。須貝の論は、この「実用的な言語能力」偏重が、文学的な文章をも「実用的」に読むことにつながり、それは「文学的な文章」の読みそのものをも疎外することになっているというように分析している。

（9）土田知則『ポール・ド・マン――言語の不可能性、倫理の可能性』岩波書店、二〇一二年、三五〜三六頁。

（10）マーティン・マックライン『ポール・ド・マンの思想』土田知則訳、新曜社、二〇〇二年、一六一頁。
（11）（10）に同じ、一六七頁。
（12）内田樹他『9条どうでしょう』毎日新聞社、二〇〇六年、七〜九頁。

あとがき

一年間に二〇本ほど国語の授業を参観する機会がある。よく見かけるのは、活動であり交流である。子どもたちは、よくグループで話し合ったり発表したりしている。「単元を貫く言語活動」以来、はじめから終わりまで「活動」しなければならないかのようである。研究授業である以上、子どもらの活動を見せようとすることは理解できるし、子どもの主体的な活動として学びを展開しようとすることも首肯できる。しかし、それが読みの授業となると首を傾けざるを得ない場合が多い。読みの授業であれば、読むことが目的であって、話し合い活動は手段のはずである。それが、いつのまにか話し合いのための話し合いになって話し合いが自己目的化し、あるいは話し合いのための読みというように手段と目的が転倒しているように見受けられることもしばしばである。そして、多くの場合肝腎の読みなり本文なりはほとんど問題にされない。「言語活動の充実」といっても、「言語活動」を通して、読みの力をつけ、思考力や認識力といった学力を養うのでなければならないのではなかったか。「活動あって学びなし」といった批判は今にはじまったことではないが、手段と目的とが逆転したような授業が増えているように思われる。子どもたちが積極的に発言したりする活動をもってして主体的と言えるものかどうかの検討も必要だろう。主体的な学びとは、子どもたちが積極的に活動すること自体を意味するというより、むしろ自己を見つめ直したり自己の認識を変容させていったりする行為のことを言うのではないか。交流にしても、グループで話し合ったり、クラス全体で意見や感想を活発に交換すれば、それをもってして交流といえるのかと思ってしまう。思うに、交流の意味とは、異質な意見・感想なり読みなりのせめぎあいにある。そのせめぎあいにより、子どものうちに問題意識を喚起し、葛藤のただ中に身を置かせるところに意味がある。活発に話し合っていたからといっても何も変わっていないこともあるだろうし、積極的には発言しなくとも、その子のうちに既有の認識にゆさぶりをかけていたなら、十分交流が行われていたと見るべきである。そのことに気づけるのは、日頃授業をしている教員のほかにいない。そこに、教師としての力量も問われてくるのだろう。

ある教育実習での授業のことを忘れられない。私が立ち会った研究授業は『ごんぎつね』を扱っていた。一時間目は本文を読ませ、二時間目に感想を交流するというものであった。私が立ち会ったのは二時間目の授業である。二番目に手を挙げて指名された私の目の前の女子は次のように発言した。

「わたしは、ごんは神様になったと思います。」

私は、にわかに胸を躍らせてその後の授業の展開に期待した。私もまた、「ごんは神様になった」と読んでいたからである。国語科教育を研究する者の端くれとして『ごんぎつね』も研究対象としたことがあるが、数年研究した私と一時間しか読んでいない児童の読みは同じだったのだ。しかし、実習生は、一瞬戸惑いをみせた後、「はい、ほかにありますか?」と言った。その子の読みは不問に伏されたのである。以後も問題とされることはなかった。実習生ゆえ仕方ないといってしまえば、それまでである。しかし端的に言って、実習生は読みを持っていなかったために、子どもの読みに対応できなかったのだ。ここで言いたいのは、教える者が読みを持つことが不可欠だということにほかならない。というより、経験的に言えることだが、授業者が読みを持ってこそ、子どもの多様な読みに対応できる。もちろん、一口に読みを持つと言っても、悪戦苦闘と言ってよく、簡単に読めるものではない。何回か授業をして、ようやく見えてくることもある。それでも、子どもに読みを深めさせようとするなら、まず教える者がそのように努めるほかはない。そのような悪戦苦闘は授業にも反映されるだろう。また、読みを求めようとするからこそ、子どもがどう読むかがとても興味深くもなる。教材研究を追究してこそ、早く授業をしたいという気になり、授業は楽しいものとなる。時々、丹藤は読みをむずかしく考えすぎなんじゃないかとか、子どもはもっと素朴に読むよとか言われたりする。私に言わせれば、それは子どもの読みを軽く見ているのではないかと思わざるを得ない。実際、授業を見ていても、あるいは私の経験からしても、感心してしまうような読みが子どもから出されることも少なくない。『ごんぎつね』は、「ごんはかわいそう」といった感想が圧倒的に多い。しかし、「神様になった」と読む小学生もいるのである。

私も、子どもたちにとって、読むこと、それも文学を読むことが大事だと考える者の一人である。それでは、文学を読むことの教育的な意味とは何なのかが問題となろう。ほかならぬ〈文学〉を読むことの独自の意味は何かと言ってもよい。しかも、それは、言語論的転回をふまえた読みでなければならない。これが本書の一貫した立場であり追究したテーマである。第Ⅲ章で理論的に述べ、第Ⅰ章と第Ⅱ章では、具体的な教材について論じた。第Ⅰ章の「転回」と第Ⅱ章の「再転回」とのあいだに明確な一線が引かれるわけではないが、言語実体論に依拠した読みから「転回」し、再度「転回」することが求められると考えているので、そのように区別した。私は私なりにそれぞれの教材について読みを述べた。それがどれほど言語実体論から遠ざかり、作品に応じた読みに近づいているか。批評・批判を仰ぎたい。ただ、断っておきたいのは、私の読みのように読むべきだとか、この読みのもとに授業を行うことが望ましいなどと思い上がっているわけではけっしてないということである。具体的な教材の読みを述べるのでない限り、文学教材の読みが大事だという発言は説得力を持たないだろう。また、先に述べたように、読みを持って授業に臨んだ方が、子どもの読みに対応していけるし、なにより授業は楽しいと経験しているので、自分なりの読みを述べたまでである。授業で子どもの読みを変容・深化させる。そのために教材の研究に取り組もうとされる学生や教員の少しでも役に立てることを願ってやまない。

これまで、学生や大学院生と討論しながら考えたり、授業をしながら気がついたりすることが度々あった。研究会に呼んでいただき、授業を見せていただいたり話し合いを拝聴したりしているうちに学んだことも多い。本書は、それら多くの学生・院生、先生方のおかげで刊行することができたと思っている。この機会に深く感謝申し上げたい。

私にとって、三冊目の単著となった。さんざん迷ったあげく、書名に「文学教育」の語を用いた。「文学教育」という用語自体に批判的な見方があることは承知しているつもりである。しかし、『文学教育の理論』（荒木繁）、『状況認識の文学教育』（大河原忠蔵）、『ひとりひとりを生かす文学教育』（太田正夫）、『文学教育』（熊谷孝）、『戦後文学教育方法論史』（浜本純逸）、『文学教育における可能性の追求』（林尚男）、『文学教育の構想』（田近洵一）、『〈対話〉をひらく文学教育』（須貝千里）などなど、国語教育研究の門をたたいた頃、私を魅了してやまない著書の多くは「文学教育」の名を冠していた。それら時代の状況と闘い、道を拓いてきた著書群に本書が遠く及ぶはずもなく、「文学教育」の名に値するのかと問われれば正直恥じ入るほかはない。しかしながら、先行の「文学教育」研究を敬愛するがゆえに、批判的に継承する者の一人でありたいと念じて今日まで歩んできたことから、不遜の誹《そし》りを免れないと思いつつも、敢えて「文学教育」の語を使わせていただいた次第である。

最後に、本書の刊行にあたっては、教育出版株式会社の玉井久美子氏にお世話になった。御礼を申し上げる。

二〇一四年一月一三日　愛知教育大学研究室にて

丹藤　博文

初出一覧

序説　――言語ゲーム・他者・語り――
　本書のための書き下ろし。

Ⅰ

1　『おてがみ』(アーノルド・ローベル)　――方法としてのユーモア――
　「届かない手紙――『お手紙』(アーノルド・ローベル)の教材価値――」(『国語研究』第20号、愛知教育大学大学院国語教育専攻、二〇一二年三月)

2　『アレクサンダとぜんまいねずみ』(レオ・レオニ)　――テクストの行為性を求めて――
　「作品の行為性を求めて」(田中実・須貝千里編『文学の力×教材の力　小学校編2年』教育出版、二〇〇一年)

3　『注文の多い料理店』(宮沢賢治)　――第三の視線――
　本書のための書き下ろし。

4　『高瀬舟』(森鷗外)　――読みの三角形――
　「他者の領分――『高瀬舟』の授業から――」(『日本文学』日本文学協会、二〇〇五年三月)。なお本論は日本文学協会第59回大会(早稲田大学、二〇〇四年一一月二〇日)発表資料にもとづいている。

Ⅱ

1　『言葉の力』(池田晶子)　――語りえぬものについては、沈黙してはならない。――
　「語り得ぬものについては、沈黙してはならない。――中学生にとっての池田晶子『言葉の力』――」(『道標《みちしるべ》』教育出版、二〇一二年一〇月)

2　『少年の日の思い出』(ヘルマン・ヘッセ)　――語ること/語られること――
　「語ること/語らぬこと――教材『少年の日の思い出』の読み――」(『國語國文学報』第69集、愛知教育大学国語国文学研究室、二〇一一年三月)、および「『少年の日の思い出』再論――須貝千里氏の批判を受けて――」(『國語國文学報』第71集、愛知教育大学国語国文学研究室、二〇一三年三月)をまとめたものである。なお、後者は日本読書学会第56回大会「学習用語としての〈語り〉――『少年の日の思い出』を例として――」(プラザ・フォレスト、二〇一二年八月四日)発表資料にもとづいている。

3 『走れメロス』（太宰治）――教材失格――

「教材失格――『走れメロス』の教材価値論――」（全国大学国語教育学会第一二四回弘前大会のパネル・ディスカッション「青森県出身作家の教材――太宰・寺山・方言詩――」弘前大学、二〇一三年五月一八日）発表資料にもとづいている。なお全国大学国語教育学会編『国語科教育』第74集（二〇一三年九月）に要旨掲載。

4 『故郷』（魯迅）――地上の道のようなもの――

「『故郷』教材論批判」（『日文協国語教育』日本文学協会国語教育、二〇〇九年一一月）、および「地上の道のようなもの――中学生の読みから『故郷』（魯迅）を考える――」（『國語國文学報』第68集、愛知教育大学国語国文学研究室、二〇一〇年三月）をまとめたものである。なお、前者は日本文学協会国語教育部会第61回夏期研究集会「教材『故郷』に『希望』はあるのか?」（拓殖大学、二〇〇九年八月八日）発表資料にもとづいている。

Ⅲ

1 この教室に〈言葉〉はありますか?

「日本文学協会国語教育部会　第60回夏期研究集会基調報告　この教室に〈言葉〉はありますか?」（『日本文学』日本文学協会、二〇〇八年一二月）

2 〈死者〉の言葉――文学教育の（不）可能性を問う――

「〈死者〉の言葉――文学教育の（不）可能性を問う――」（『愛知教育大学教育創造開発機構紀要　創刊号』二〇一一年三月）。なお、本論は「〈死者〉の言葉――文学教育の（不）可能性を問う――」として全国大学国語教育学会第一一八回東京大会のパネルディスカッション「文学教育の可能性を問う」（東京学芸大学、二〇一〇年五月二九日）発表資料にもとづいている。なお、全国大学国語教育学会編集『国語科教育』（第68集、二〇一〇年九月）に要旨掲載。

3 読みの教育と文学理論

「文学教育研究に関する成果と展望」（全国大学国語教育学会編『国語科教育学研究の成果と展望　Ⅱ』学芸図書、二〇一三年三月）

4 テクストの〈外部〉

「〈テクストの外部〉に関する研究ノート――文学教育の中に国語教育を位置づける――」（『国語研究』第21号　愛知教育大学大学院国語教育専攻、二〇一三年三月）。なお、本論文をまとめたものとして「国語教育における〈言語論的転回〉を求めて」（『月刊国語教育研究』日本国語教育学会、二〇一三年五月）がある。

人名索引

事項索引

著者紹介

丹藤 博文（たんどう ひろふみ）

国立大学法人愛知教育大学教育学部国語教育講座教授。

1960年4月10日，弘前市生まれ。

東京学芸大学大学院修了。東京都立高校教諭を経て，現職。

著書に『教室の中の読者たち』（学芸図書　1995），『他者の言葉』（学芸図書　2001）がある。

最近の主な共著として以下のものがある。『臨床国語教育を学ぶ人のために』（世界思想社　2007），『小学校国語科授業研究　第4版』（教育出版　2009），『文学の授業づくりハンドブック　第4巻　中・高等学校編』（渓水社 2010），『新たな時代を拓く中学校・高等学校国語科教育研究』（学芸図書　2010），『〈教室〉の中の村上春樹』（ひつじ書房　2011），『中学校・高等学校国語科教育法研究』（東洋館出版　2013），『国語科教育学研究の成果と展望　Ⅱ』（学芸図書　2013）。

日本文学協会・全国大学国語教育学会・日本読書学会・日本国語教育学会・日本近代文学会・宮澤賢治学会等に所属。

文学教育の転回

2014年3月10日　初版第1刷発行

著　者　丹藤博文
発行者　小林一光
発行所　教育出版株式会社
101-0051　東京都千代田区神田神保町2-10
TEL 03-3238-6965 ／ FAX 03-3238-6999
URL http://www.kyoiku-shuppan.co.jp

表紙絵：杤谷英美
装　丁：伊藤久美
DTP：スペースアクト
印　刷：三美印刷
製　本：上島製本

ISBN978-4-316-80402-6　C3037